संघर्ष के आगे जीत है

कोटा की कहानी

संघर्ष के आगे जीत है

कोटा की कहानी

श्रीमती माधुरी शिवाजी पाटिल

Anecdote
Publishing House
For the love of quality reading!

Anecdote
Publishing House
For the love of quality reading!

ऐनक्डोट पब्लिशिंग हाउस
2nd फ्लोर, 2/15 अंसारी रोड,
दरियागंज दिल्ली–110002

पब्लिश्ड बाय ऐनक्डोट पब्लिशिंग हाउस

प्रथम संस्करण 2025

आई एस बी एन: 978-81-982589-6-0
मूल्य ₹ 299

संपादक: डॉ. प्रकाश श्रीवास्तव और नाज़िया खान
आवरण सज्जा एवं टाइपसेट: सोमेश कुमार मिश्रा
मुद्रण: थॉमसन प्रेस

विषय-सूची

परिचय

यह उपन्यास वास्तविक घटनाओं पर आधारित है जिसमें महाराष्ट्र से कोटा शहर में अपनी बेटी को कोचिंग दिलवाने के लिए आए एक पाटिल परिवार की दिलचस्प कहानी है। इस उपन्यास में बैग का गुम होना, पीजी रूम में माँ-बेटी का संघर्ष, नवोदय विद्यालय आदि सारे प्रसंग वास्तविक हैं, यह उपन्यास सत्य घटनाओं पर आधारित ज़रूर है, मगर इसके सभी पात्रों के नाम काल्पनिक हैं। माहेश्वरी प्लस करियर इंस्टीट्यूट नाम के साथ ही साथ राहुल और कार्तिक का पात्र भी काल्पनिक है, इसलिए नो डाउट, नो इश्यू..! शिक्षा की नगरी कोटा की गरिमा का विशेष ध्यान रखा गया है। कोटा में आकर लेखिका ने दो साल बिताया और यहां आने वाले माता-पिताओं से लेकर कोचिंग में पढ़ रहे बच्चों, यहाँ के एजुकेशन सिस्टम, यहां के निवासियों, नैसर्गिक वातावरण आदि को देखकर जो अनुभव मिला, उसे इस उपन्यास में समाहित किया है। उपन्यास पढ़ते समय आपको लगेगा कि फैमिली ड्रामा के साथ प्रेरक बिंदुओं को मोतियों के रूप में एक सुंदर धागे में पिरोया गया है। इस उपन्यास को पढ़ने से पाठकों को निश्चित ही प्रेरणा मिलेगी।

मनोगत

यह उपन्यास एक माँ ने अपने अनुभव से लिखा है। एक माँ, जो बेटी को कोटा के एलन करियर इंस्टीट्यूट में जेईई की कोचिंग दिलवाने आई और दो साल बेटी के साथ कोटा में रही। यह उस माँ की पहली प्रकाशित पुस्तक है, जिसने ज़िंदगी में कभी सोचा ही नहीं था कि वह कोई पुस्तक लिख पाएगी। जी हाँ, मैं बात कर रही हूँ 'संघर्ष के आगे जीत है' (The Kota Story) की लेखिका श्रीमती माधुरी शिवाजी पाटिल की, जो जलगाँव महाराष्ट्र से हैं।

यह सब कोटा नगरी में आने के बाद ही संभव हुआ। शिक्षा की नगरी कोटा में पता नहीं किसी ने क्या पाया और क्या खोया, मगर इस नगरी ने मेरी जैसी साधारण सी घरेलू महिला के हाथों में कलम थमाकर लेखिका बना दिया, क्योंकि मेरी लेखनी का सफर कोटा से ही शुरू हुआ, जिसकी मैंने कभी कल्पना भी नहीं की थी। दो साल कोटा में रहकर मेरी जो मानसिकता बनी, उसे इस किताब के माध्यम से मैंने व्यक्त किया है। इस किताब में कोई बात अच्छी नहीं लगी या लिखने में एक माँ से कोई गलती हुई हो तो एक माँ की भूल समझते हुए माफ कर देना बच्चो, क्योंकि मैं मराठी माध्यम से पढ़ी हूँ। मेरी बोली व भाषा मराठी है और मैं ज़्यादा पढ़ी-लिखी भी नहीं हूँ। मैंने बारहवीं तक पढ़ाई की है। मैंने कोटा आकर इन दो सालों में यहाँ के लोगों को हिंदी बोलते देखा और सुना, काफी सारा ज्ञान प्राप्त किया, हिंदी में ब्लॉग बनाकर लेख लिखने लगी, यूट्यूब पर 'छोटी-छोटी ज्ञान की बातें' नाम से एक चैनल भी बनाया। प्रतिलिपि ऐप पर 'गुमराह' दस भागों में हिंदी सीरीज़ लिखी, जिसके लिए मुझे प्रतिलिपि की तरफ से पुरस्कार भी प्राप्त

हुआ था। उसके बाद 60 भागों में सूर्या राठौड़ की एक प्रेम कहानी लिखी और कुछ कविताएं भी रचीं। लिखते-लिखते मेरा सफर यहाँ तक ही सीमित नहीं रहा, आगे स्टोरिथोन के ज़रिए मेरी मुलाकात हिंदी फिल्म निर्माता, लेखक, डायरेक्टर अंकित कोठारी जी से हुई। उनसे ऑनलाइन हिंदी शॉर्ट फीचर फिल्म लिखने का तरीका सीखा। मैं हिन्दी फिल्म स्क्रिप्ट राइटर बनी। ये सब करते हुए मैंने मराठी भाषा में स्टूडेंट काउंसलर का सर्टिफाइड कोर्स किया, यहाँ पढ़ाई करने आए हुए बच्चों की मानसिकता देखते हुए मैंने यह कोर्स करना ज़रूरी समझा। उसके बाद कंटेंट राइटिंग सीखी, आरोग्य के ऊपर मराठी न्यूज़ पेपर में मेरे लेख छपने लगे। ये सब काम मैंने कोटा के पीजी रूम की चार दीवारी के अंदर रहकर ऑनलाइन किया। एक ही रूम में बेटी को भी पढ़ा रही थी और समय बर्बाद करने से अच्छा मैं भी बहुत कुछ सीख रही थी। मेरी बेटी मेरा लेखिका का सफ़र देख प्रेरित होती थी और मैं बेटी को घंटों तक पढ़ाई करते देख प्रेरित होती थी। ये सब कुछ हासिल करना इतना आसान नहीं था, लेकिन मैंने और मेरी बेटी ने यह कर दिखाया। कोटा के मेरे पीजी रूम में लिखा हुआ 'संघर्ष के आगे जीत है' (The Kota Story) उपन्यास आपके सामने प्रस्तुत है।

परम आदरणीय सभी पाठकगण से मैं उम्मीद करती हूँ कि वे इस उपन्यास को पसंद करेंगे, अपना प्यार देंगे और अपने दोस्तों एवं रिश्तेदारों के साथ इसे ज़रूर साझा करेंगे। आपकी प्रतिक्रिया मेरा हौंसला बढ़ाएगी। धन्यवाद!

शिक्षा की नगरी कोटा और प्रतियोगिता

राजस्थान के दक्षिणी भाग में बसा एक ऐसा शहर, जो चंबल नदी के पूर्वी किनारे पर स्थित है। एक ऐसा शहर, जिसकी खूबसूरती एवं विलक्षण विशेषताएं दुनिया भर में प्रसिद्ध हैं। जी हाँ, बिल्कुल सही पहचाना आपने। मैं बात कर रही हूँ, एक ऐसे खूबसूरत शहर की जिसका नाम है 'कोटा'। इस शहर की सबसे बड़ी खासियत यह भी है कि यहाँ की शिक्षा व्यवस्था और यहाँ की कोचिंग, जो अच्छी शिक्षा प्रदान करके बच्चों का मनोबल और आत्मविश्वास बढ़ाती हैं और उनका सपना पूरा करने में जी जान लगा देती हैं यही वजह है कि यहाँ की शिक्षा व्यवस्था ने देश-विदेश में अपनी एक खास जगह बनाई हुई है, जिसका हर कोई दीवाना है। हर बच्चा ऊँचे सपने देखता है। उन्हीं सपनों के साथ बच्चे भविष्य में अपना सबसे अच्छा करियर बनाने के लिए यहाँ भागे चले आते हैं। यहाँ हर तरफ शिक्षा का ही माहौल दिखाई देगा इसलिए इस नगरी को प्रधानमंत्री नरेंद्र मोदी जी ने भी 'शिक्षा की नई काशी' कहकर संबोधित किया था।

हाँ, यह बात भी सही है कि यह नगरी जिसको भा गई, उसकी ज़िंदगी बन गई। किसी ने मुश्किलें पार कर लीं तो कोई मायूस होकर लौट गया, तो किसी ने बीच भंवर में अपनी ज़िंदगी की नैया डुबो दी, तो कोई भटक भी गया। जिसकी राह भटक गई, उसकी ज़िंदगी के सबसे महत्वपूर्ण साल व्यर्थ हो गए। जो वक्त रहते ही संभल गया, वह कुछ हासिल करके गया। आखिर हर किसी के अपने अलग-अलग नज़रिये और तजुर्बे की बात है ।

बच्चे तो बड़ी लगन से मेहनत करते हैं, लेकिन कभी-कभी प्रतियोगिता की वजह से बच्चों का हौसला गिरने लगता है। सब बच्चों का अध्ययन स्तर एक जैसा नहीं होता, जैसे हमारी पाँचों उंगलियाँ एक जैसी नहीं होतीं। कोई कम वक्त में ज़्यादा पढ़ लेता है तो कोई ज़्यादा वक्त देकर भी पढ़ाई उतनी

नहीं कर पाता। पढ़ाई के साथ कभी-कभी शारीरिक मानसिक स्थिति भी तनाव का कारण बन जाती है और बच्चे तनाव महसूस करने लगते हैं। ऐसा आम तौर पर देखा जाता है।

काफी सारे बच्चे प्रतियोगिता को लेकर ज़्यादा तनाव महसूस करते हैं। अगर बच्चों ने मन में ठान लिया कि प्रतियोगिता तो कम नहीं होगी, हमें उसे साथ लेकर लड़ना होगा तो इस लड़ाई को जीतना आसान हो जाएगा। वैसे देखा जाए तो प्रतियोगिता कहाँ नहीं है? दुनिया के किसी भी कोने में भी जाओ, तो वहाँ हमें प्रतियोगिता दिखाई देगी। इस बात को हम टाल नहीं सकते और न ही कम होने की उम्मीद है, क्योंकि हर बच्चा खुद का उज्ज्वल भविष्य बनाना चाहता है और प्रतियोगिता में उतरता नज़र आता है। यहीं से प्रतियोगिता बढ़ जाती है। वैसे हम 21वीं सदी के डिजिटल भारत में जी रहे हैं। हमारे देश का भविष्य ये बच्चे ही तो हैं, लड़के हों या लड़कियां सभी दुनिया भर में देश का नाम रोशन करके आसमां में झंडा फहरा रहे हैं।

बस खुद पर विश्वास और निरंतर मेहनत से पढ़ाई जारी रखना बच्चो, फिर कामयाबी को कहीं ढूंढ़ने की ज़रूरत नहीं पड़ेगी। सबसे पहले हमें अपना लक्ष्य निर्धारित करना होगा, फिर उस लक्ष्य को प्राप्त करने के लिए सपने बुनने होंगे और इस स्वप्न को पूरा करने के लिए जी जान लगानी होगी। सपनों में जान डालनी होगी बच्चों, फिर देखना फोकस और लगन से आपका लक्ष्य कामयाबी तक कैसे पहुंचता है! मगर उसके लिए पहले कड़ी मेहनत करनी ही होगी।

सही वक्त पर बच्चों का मार्गदर्शन करना बहुत ज़रूरी होता है

"सॉरी यार कार्तिक, अब मुझसे नहीं होगा।"
"ये क्या बकवास कर रहा है तू, पागल मत बन? मुझसे नहीं होगा का क्या मतलब?"

"मतलब...मतलब यह कि मैं यह सब छोड़ना चाहता हूँ। यू.पी. में पापा का बिज़नेस है," राहुल टेबल के सामने कुर्सी पर बैठा था और उसकी आंखें नम थीं।

"ऐसा लग रहा है, एक कान के नीचे लगा दूं तेरे। पागल मत बन। तू नाव को ऐसे बीच धार में छोड़कर नहीं जा सकता। सुन मेरी बात को, अगर तू पढ़ -लिखकर अच्छा इंजीनियर बन गया तो अपने पापा का बिज़नेस और आगे ले जा सकेगा, लेकिन उसके लिए अभी मेहनत करनी पड़ेगी भाई।"

"मेहनत करके इन डेढ़-दो सालों में क्या उखाड़ लिया मैंने! मुझ पर क्या बीत रही है, ये तू नहीं समझेगा। जा यार यहाँ से, अपनी पढ़ाई कर।"

"लगता है, रात को सपने में कौन बनेगा करोड़पति टीवी शो के हॉट सीट पर बैठ के आया है! कोई विकल्प नहीं बचा तो उसे छोड़ने चला है। फिर भी वहाँ से कोई खाली हाथ वापस नहीं जाता, कम से कम एक चेक तो ले ही जाता है। अगर तू ऐसे ही सब छोड़ता रहेगा तो यहाँ से क्या लेकर जाएगा? यहाँ कोई टीवी शो तो नहीं चल रहा। मेरे भाई, तेरे करियर का सवाल है, समझा तू? यह करियर बनाने की सीढ़ी है, इस सीढ़ी पर चढ़ गया तो तेरी लाइफ बन जाएगी।"

"सब जान चुका हूँ! यहाँ कुछ नहीं होने वाला। प्रतियोगिता बहुत है।" राहुल के हाथ में पेन था, वह उसे टेबल पर गोल-गोल घुमाते हुए रुक गया।

"सुन, रेस में उतरा है तो कदमों की पकड़ भी मज़बूत बनानी होगी..! फिर देख तेरे मज़बूत इरादे तुझे कहाँ से कहाँ पहुंचाते हैं! सबसे पहले धैर्य

रख। अगर तुझे मेरी बातों का बुरा लग रहा हो तो मुझे बेशक गालियां दे, मैं सुन लूंगा मगर मैं अपने दोस्त को हारता हुआ नहीं देख सकता। समझा तू!" कार्तिक इस वक्त अपने दोस्त को ऐसी हालत में देखकर बहुत दुखी होकर समझा रहा था।

कार्तिक की बातें उसके दिल को कहीं ना कहीं चुभ रही थीं। अब तो उसके आंसू भी टपकने लगे थे।

"अभी जितना चाहे उतना रो ले। रो-रो कर दिल हल्का कर ले मगर मन में कुछ भी मत रख यार।"

जेईई मेन परीक्षा के नतीजों के बाद राहुल बहुत ज़्यादा हताश हो चुका था। इस वक्त उसे किसी के सहारे की ज़रूरत थी, जो उसे समझ पाए।

"अब तू ही बता मैं क्या करूं?"

"तेरे पास तो अभी भी एक मौका बाकी है। जेईई मेन का दूसरा अटेम्प्ट! उसमें अच्छा हुआ तो एडवांस को भी क्रैक कर लेगा, मगर हताश मत हो। एक बार प्रयास तो करके देख और एक बार में नहीं हुआ तो दोबारा भी कर सकता है न, उसमें कौन सी इतनी बड़ी बात है। कितने बच्चे ड्रॉपर होते हैं। पेशेंस रख भाई, छोड़ने का ख्याल दिमाग से निकाल दे।" कार्तिक ने राहुल के कंधे पर हाथ रखा।

"हम्म..." राहुल की धीमी आवाज़ में बहुत उदासी और दर्द झलक रहा था।

"हम्म.. से बात नहीं चलेगी, एक बात सुन राहुल, यह दुनिया जितनी बड़ी है, उतने रास्ते भी हैं। परिंदे ने एक बार अपने पंख फैला लिए तो उसे कहीं न कहीं रास्ता मिल ही जाता है। प्रयास, धैर्य और अपना लक्ष्य कभी कमज़ोर मत पड़ने देना, क्योंकि संघर्ष के आगे जीत है, मेरे दोस्त।!"

"ये ले।" कार्तिक ने राहुल के हाथों में पानी की बोतल पकड़ा दी।

"जैसे एक परियोजना बनाने के पीछे पूरी टीम का हाथ होता है, ठीक वैसे ही माँ-बाप और टीचर हमारे पीछे खड़े होते हैं। संघर्ष तेरे अकेले का नहीं है। अगर कोई भी निर्णय लेने में असुविधाजनक महसूस कर रहा है या समस्या को किसी को बताने में हिचकिचाहट हो रही है तो किसी सलाहकार के पास जाकर उनसे थोड़ी देर बात कर, तुझे ज़रूर कोई न कोई रास्ता मिलेगा। आखिर, तेरी मुस्कराहट पूरी टीम की ऊर्जा है और वह मुस्कराहट

तब मिलेगी जब तू खुश रहेगा।”

“धन्यवाद मेरे दोस्त! तेरी वजह से आज मुझे बहुत मदद मिली।”

राहुल के चेहरे पर थोड़ी तो मुस्कान आई।

“चल उठ जल्दी , हम कहीं बाहर घूम के आते हैं, मस्त कोल्ड कॉफी पिएंगे, माहेश्वरी प्लस कोचिंग सेंटर के पास वाला।”

“अरे वो...हमारी पहचान हमारी क्वांटिटी वाला।”

“हाँ वही, तू जल्दी से तैयार हो जा, मैं भी तैयार होकर आता हूँ।”

कार्तिक राहुल का मूड ठीक करने के बाद, अपने कमरे की ओर जाने के लिए दरवाज़े तक आया और रुक कर पीछे मुड़कर अपने दोस्त की ओर देखा। राहुल ने फिर से नीचे गर्दन झुका ली थी।

“अब मुंह लटका के मत बैठे रहना, उठ जल्दी!”

कार्तिक अपने कमरे में चला गया । इधर राहुल फ्रेश हुआ और कार्तिक का इंतजार करने लगा। थोड़ी देर इंतजार किया, कार्तिक आया नहीं तो वह उसके कमरे की ओर चला आया। दस्तक देने ही वाला था मगर दरवाज़ा आधा खुला दिखाई दिया तो वह कमरे के अंदर चला गया। उसे कार्तिक कमरे में नजर नहीं आया। उसने आवाज़ लगाई।

“कार्तिक, मुझे तो कब से ज्ञान दे रहा था, अब तू कहाँ छुप गया यार?”

“रुक दो मिनट, बाथरूम में हूँ।”

राहुल दो मिनट कार्तिक के कमरे में खड़ा रहा, तभी उसकी नज़र टेबल पर पड़ी। टेबल पर एक किताब के कुछ पन्ने पलटे हुए थे।

“देखता हूँ, मुझसे छुपाकर क्या पढ़ रहा था!”

उसी जिज्ञासा से वह किताब की ओर खिंचा चला आया। नज़दीक आकर देखा तो कोई उपन्यास था। उसने वह उपन्यास हाथ में उठाया। मुख-पृष्ठ पर स्वर्ण अक्षरों में लिखा था, ‘संघर्ष के आगे जीत है’ (The Kota story) राहुल को दिलचस्प लगा। उसके मन में किताब पढ़ने की इच्छा जागृत हुई। वह कुछ लाइनें पढ़ पाता तभी पीछे से आवाज़ आई-

“देख लिया, चल अब देरी हो रही है।”

“रुक जा यार , एक दो लाइन पढ़ तो लेने दे।”

“इसे पढ़कर क्या करेगा? तू तो सब छोड़ने वाला है न!”

“अब बकवास बंद कर, पहले ये बता तू इस किताब को इतनी

दिलचस्पी के साथ क्यों पढ़ रहा था?"

कार्तिक ने किताब उठाई और किताब की ओर देखकर बोला -

"माँ-बेटी के संघर्ष की कहानी है।"

रात के एक बजे राहुल का कमरा

राहुल को नींद नहीं आ रही थी। वह करवटें बदल रहा था। दिमाग में अभी भी कार्तिक की बातें मंडरा रही थीं। वह सोच रहा था कार्तिक ने बिल्कुल ठीक कहा था, मुझे पढ़ाई पर और ज़्यादा ध्यान देना होगा, क्या पता मेहनत से तकदीर चमक जाए!

तभी राहुल का ध्यान टेबल पर रखी उस किताब पर गया जिसे उसने कार्तिक से मांगा था। टेबल के पास जाकर चेयर पर बैठा फिर किताब हाथ में उठाकर पढ़ने लगा।

सफर मंजिल तक.. कोटा!

सन् 2022 की बात है।

"मधु, इतनी गहराई से क्या पढ़ रही है? अरे,यह तो कचौड़ी का कागज़ है, उसे क्या पढ़ना? बैग में रख, इन्दौर स्टेशन पर पहुंचते ही किसी कूड़ेदान में डाल देना।"

"कुछ ज्ञान हासिल करने के लिए किसी कागज़ के टुकड़े की एक लाइन भी काफी होती है। हमेशा अपडेट रहना चाहिए।"

"ऐसा क्या ज्ञान मिल गया आपको?"

"कोटा के बारे में लिखा है। जयपुर की एक प्रतियोगिता में नरेंद्र मोदी जी ने कोटा शहर को शिक्षा की नई काशी कहकर संबोधित किया था।"

"अरे, ये तो सबको पता है! इसमें कौन सी नई बात है! वह पुराने अखबार का टुकड़ा है। कहीं भी अपना दिमाग लगाती रहती है।"

"हमारी बिटिया भी वहीं पढ़ने जा रही है, शिवा। शिक्षा की काशी कोटा में।"

"अरे हाँ, फिर तो पूरा कागज़ पढ़ लो। हो सकता है, कोई नई जानकारी मिल जाए।"

"अब समझे, कागज़ के एक टुकड़े की अहमियत।"

"हाँ, सही कहा तुमने। किसी बच्चे को यूपीएससी क्रैक करने के लिए अखबार का एक टुकड़ा भी बहुमूल्य साबित हो सकता है।"

"पापा मुझे आइआइटियन बनना है।"

"हाँ बिटिया, आइआइटियन हो या यूपीएससी, स्पर्धा परीक्षा कोई सी भी हो उसके लिए ज्ञान हासिल करना महत्वपूर्ण होता है न!"

"हाँ, पापा मैं आपसे सहमत हूँ।"

"चलो, भाई आखिरी स्टेशन इन्दौर का है। गाड़ी इन्दौर स्टेशन पर

रुकेगी, सभी अपना सामान लेकर आगे आ जाइए।"

सभी यात्री अपने सामान के साथ स्टेशन पर बस से नीचे उतरे।

"महाराष्ट्र से इन्दौर कब आया, वक्त का पता ही नहीं चला।"

मधु इन्दौर स्टेशन का शानदार नज़ारा देखकर बोली।

पाटिल परिवार सुबह छह बजे इन्दौर स्टेशन से निकलने वाली रणथंभौर ट्रेन में बैठा। रणथंभौर ट्रेन, कोटा की ओर तेज़ रफ्तार से आगे बढ़ रही थी।

अप्रैल-मई की गर्मियों की चपेट में धरती का कण-कण झुलस रहा था। पसीने से लथपथ पूजा बार-बार अपनी माँ मधु की साड़ी के पल्लू से पसीना पोंछ रही थी। वह नीले रंग की टी-शर्ट और काले रंग का पैजामा पहने हुई थी। उम्र सत्रह साल, कद लगभग पांच फुट तीन इंच के बराबर, गेहुंआ रंग, काले घने मखमली रेशमी बाल, जो कंधे तक आ रहे थे और हिरनी जैसी खूबसूरत बड़ी-बड़ी आंखें। अपने माँ-बाप के लिए वह नन्ही परी थी।

"पूजा, कोटा आने में और कितना समय लगेगा? देख जरा।" मधु पानी की बोतल मुंह को लगाते हुए बोली।

"भवानीमंडी स्टेशन आ गया मम्मी, कोटा आने में अभी लगभग एक घंटा बाकी है।" पूजा मोबाइल फोन से Where is My Train ऐप में सर्च करते हुए बोली।

पूजा के बगल में बैठे शिवा बार-बार बेटी के बारे में सोच रहे थे और भावुक होकर प्यार से उसके सिर पर हाथ फेर रहे थे।

"बेटी मन लगाकर पढ़ाई करना।" शिवा की आंखें नम हो गईं।

शिवा पाटिल महाराष्ट्र में पुलिसकर्मी थे। हमेशा व्यायाम करने से उनका शरीर फौलादी बन चुका था। जितना लगाव उन्हें अपने पेशे से था, उतना ही योग्यता से भी था।

"पापा आप बेकार परेशान हो रहे हैं। अपनी नन्ही परी पर आपको पूरा भरोसा है न, तो बस.. विश्वास रखिए पापा।" पूजा बगल में बैठे अपने पापा का हाथ अपने हाथों में लेकर विश्वास दिला रही थी।

"मुझे तुम पर पूरा भरोसा है, बिटिया।" पापा, पूजा की आंखों में गर्व महसूस करते हुए बाले।

"बेटी पर अभी से दबाव मत डालिए।" मधु अपने पति शिवा की तरफ देखकर समझाते हुए बोली।

"मैं तो बस.. उसे थोड़ा समझा रहा था।" शिवा ने मायूस होकर पलकें नीचे झुकाईं।

"मुझे माफ करना शिवा। मेरा इरादा तुम्हारा दिल दुखाना नहीं था। कलेजे के टुकड़े को दिल से जुदा करना माँ-बाप के लिए बहुत भारी होता है। इस वक्त तुम्हारे दिल पर क्या गुजर रही होगी, मैं अच्छी तरह से समझ सकती हूँ। शिवा, मैं तुम्हारे सामने रो दूंगी तो तुम कमज़ोर पड़ जाओगे और मैं यह नहीं चाहती।" मधु, शिवा की तरफ देखकर मन ही मन बोल रही थी।

"चाय ले लो चाय .. गरमा गरम.. मसाला चाय... " । एक लड़का पाटिल परिवार के सामने आकर खड़ा हो गया।

"कुछ ठंडा हो तो पिला दे बेटा। जी घबरा रहा है।" मधु बैग से पानी की बोतल निकालते हुए बोली।

"भाई मुझे पिला दे।" शिवा चाय वाले के हाथ में दस रुपए का नोट देते हुए बोले।

"साहब कोटा जा रहे हो क्या? हर साल बहुत सारे बच्चे पढ़ाई करने कोटा जाते हैं। बहुत अच्छा है सब ,...मगर ...!"

"मगर क्या ?"

"कुछ नहीं साहब।"

"कुछ नहीं कैसे? .. अभी तो कुछ बोला।"

"मैंने कहा, कोटा पढ़ाई के लिए बहुत अच्छा है साहब। आपने ठीक तरह से सुना नहीं शायद, अच्छा मैं चलता हूँ। चाय लो चाय गरमा गरम चाय।" चाय वाला आगे के डिब्बे में जाते हुए चिल्लाने लगा।

"सुनो जी, क्यों उस चाय वाले के पीछे पड़ गए आप? आप भी न! पुलिस की ड्यूटी करते-करते हर जगह पूछताछ करने लगते हैं।"

"उसने 'मगर' बोल कर बात टाल दी मधु। वह आगे कुछ बताने वाला था।"

"उसकी कोई परेशानी होगी। आप भी न, किसी भी बात को गंभीरता से ले लेते हैं। छोड़ो न उस बात को, 'बहुत अच्छा है सब!' बोला न वो?"

चाय वाले ने अच्छा कहा। यह सुनकर शिवा के कलेजे को चाय पीते-पीते ठंडक मिल गई थी। मानो कड़ी धूप में बर्फ के गोले वाले ने ठंडा-ठंडा बर्फगोला खिला दिया हो।

ट्रेन तेजी से आगे बढ़ रही थी। पूजा कोटा में कौन से स्थल लोकप्रिय हैं, यह गूगल ऐप पर सर्च कर रही थी।

"वाह, बहुत खूबसूरत जगह है। मम्मी-पापा देखो ना कोटा में कितनी मनमोहक जगहें हैं। हम इन जगहों पर ज़रूर घूमने जाएंगे, जाएंगे न पापा?" पापा को राज़ी कराने की कोशिश करते हुए बोली।

तभी पापा ने हाँ में अपनी गर्दन हिलाई।

"पापा, कोटा जाकर पहले तो हम घूमेंगे सेवन वंडर्स, सिटी गार्डन, खड़े गणेश मंदिर आदि सभी जगहों पर जाएंगे।" पूजा के मोबाइल की रिंग टोन बजने लगी।

"मम्मी, भाई का फोन है।" पूजा ने फोन रिसीव किया।

"हैलो, राज।"

"हे! पूजा, क्या तुम लोग कोटा पहुंच गए?"

"भाई, अभी नहीं।"

"अच्छा, संभलकर जाना, हैप्पी जर्नी।"

"भाई, मम्मी से बात नहीं करेगा?"

"हाँ! मम्मी से बात करा।"

"बोल बेटा, कैसा है तू? कुछ खाया कि नहीं अभी तक? भूखा मत रहा कर और हाँ, ज़्यादा बाहर का खाना मत खाया कर, तबीयत खराब हो जाएगी तेरी।"

"मेरी ज़्यादा चिंता मत किया करो मम्मी, हॉस्टल के मेस के सिवा मैं बाहर का कुछ नहीं खाता। अंकल जी घर जैसा खाना बनाते हैं।"

उधर से राज कॉलिंग में अपनी माँ से समझदारी की बातें कर रहा था। शिवा भी अपने बेटे से बात करने के लिए उत्सुक हो रहे थे। वे मधु को इशारा करके मोबाइल मांग रहे थे, ताकि वे भी बात कर सकें।

"ले! अपने पापा से बात कर।" यह कहते हुए मधु ने शिवा को मोबाइल दे दिया।

"हाँ मम्मी , पापा को फोन दो।"

"मैं ही बात कर रहा हूँ। कैसे हो बेटा?"

"ठीक हूँ, पापा।"

"और बता, तेरी इंजीनियरिंग की पढ़ाई कैसी चल रही है?

कोई परेशानी हो तो चिंता मत करना, तेरे पापा है न! सब संभाल लेंगे।"

राज, महाराष्ट्र के नासिक शहर में स्थित एक कॉलेज में इंजीनियरिंग के दूसरे वर्ष में कंप्यूटर साइन्स की पढ़ाई कर रहा था। राज बीस बरस का था, मगर अपने व्यक्तित्व से कोई बड़ा अफसर लगता था। अच्छी पढ़ाई के साथ-साथ वह रोज़ाना जिम जाना पसंद करता था। बिल्कुल अपने पापा की तरह फिटनेस के मामले में बहुत सचेत रहता था।

"आप मेरी कितनी फिक्र करते हो। मेरे मम्मी-पापा दुनिया के सबसे अच्छे मम्मी-पापा हैं। लव यू मॉम, लव यू पापा!" अपने मम्मी-पापा की फिक्र देखकर राज की आंख भर आयी थी।

"बेटा, हर माँ-बाप बचपन से लेकर बड़े होने तक, या फिर वह खुद के पैरों पर खड़ा क्यों न हो जाए , माँ-बाप को हमेशा बच्चों की चिंता लगी रहती है। यह बात तुम बच्चों की समझ से बाहर है।"

"सही कहा पापा आपने, मैं आपकी चिंता समझ सकता हूँ।"

तभी अपने भाई से बात करने के लिए पापा की नन्ही परी पूजा ने पापा के हाथों से मोबाइल छीन लिया।

"पापा एक मिनट, मुझे राज से कुछ ज़रूरी बात करनी है।"

"राज मेरे बेटे, छोटी सी छोटी परेशानी पर दूध पीते बच्चों जैसे रो मत देना। हाहाहा..!"

"पूजा की बच्ची, तू मिल मुझे फिर देख मैं तेरे बाल कैसे खींचता हूँ और वैसे भी मैं छोटी-छोटी परेशानियों से कभी हताश नहीं होता। मम्मी-पापा ने हमेशा एक ही बात सिखाई है, 'संघर्ष के आगे जीत है बेटा! '"

"अरे मैं तो तुमसे मज़ाक कर रही थी। तुम तो बुरा मान गए भाई।"

"पूजा, उसे क्यों तंग कर रही हो? हमेशा लड़ाई-झगड़ा करते रहते हो तुम दोनों," मधु, पूजा को डांटने लगी।

"सॉरी मम्मी।"

"रख भाई, हम बाद में बात करेंगे। अब तेरी वजह से मम्मी की डांट सुननी पड़ रही है।"

"हा हा हा..!"

"हाँ, तुम्हें तो बड़ा मज़ा आ रहा होगा न राज!"

"अरे चल रखता हूँ पूजा, मुझे प्रैक्टिकल की फाइल्स जमा करनी हैं

और हाँ ऑल द बेस्ट फॉर जेईई एग्ज़ाम।"

"थैंक्स, भाई।" इतना कहकर पूजा दूसरे ऐप पर कुछ ढूंढ़ने लगी।

"मम्मी, हमने टिकट तो डकनिया स्टेशन का कटवाया था न!"

"हाँ बिटिया, क्यों क्या हुआ?"

"इंतजार की घड़ी खत्म हुई कोटा आने वाला है, मम्मी। अगला स्टेशन डकनिया का ही है।" पूजा मोबाइल में देखते हुए बोली।

"पूजा के पापा, आपने अपना सब सामान चेक तो कर लिया न। कुछ छूट न जाए।" मधु अपनी सीट के नीचे से सभी सामान निकाल रही थी।

"छूट तो बहुत कुछ रहा है मधु!" शिवा अचानक से भावुक हो गए थे क्योंकि आज से दोनों माँ-बेटी, पापा को छोड़कर दो साल के लिए कोटा शहर में रहने वाली थीं।

"क्या हुआ पापा? आप उदास हो गए।" पूजा का ध्यान अपने पापा की तरफ चला गया।

"कुछ नहीं बस ऐसे ही सोच रहा था।" शिवा ने बात टाल दी।

डकनिया तालाब कुछ ही पल की दूरी पर था, ट्रेन की रफ्तार धीमी हो गई थी। जैसे ही प्लेटफॉर्म आया, ट्रेन रुक गई। मधु ने एक बैग कंधे पर लटकाया और दो बैग दोनों हाथों में पकड़े। पूजा के हाथ में एक बड़ा सूटकेस था जिसमें दैनिक उपयोग के सामान थे। शिवा ने भी तीन बैग पकड़े हुए थे, लेकिन शिवा चिंतित थे। उनकी चिंता भी जायज़ थी, क्योंकि दो साल बहुत ज़्यादा होते हैं, परिवार के बगैर अकेले दिन गुज़ारना। आज तक शिवा ने अपनी बीवी मधु को कभी खुद से अलग नहीं किया था। गाँव में कोई छोटे से छोटा काम क्यों न हो, वे खुद कर लेते थे। मधु ने घर-आंगन के अलावा दुनिया की भीड़ कभी देखी नहीं थी। शिवा को चिंता इस बात की हो रही थी कि ये दोनों माँ-बेटी कोटा में कैसे प्रबंध कर पाएंगी।

तभी उनके अंतर्मन ने दस्तक दी, "शिवा क्या सोच रहा है तू! हर जीत के पीछे बड़ा संघर्ष छुपा होता है। तुझे अपने बच्चों का भविष्य उज्ज्वल देखना है तो बच्चों को खुद के पंख फैला देने चाहिए और आसमां में ऊंची उड़ान भरने देनी चाहिए और जब गिरेंगे तो हम हैं न उन्हें संभालने के लिए, तो चिंता छोड़ दे शिवा।" शिवा ने अपनी अंतरात्मा की बात सुनी।

शिवा का मिशन और लक्ष्य के बीच का संघर्ष

सभी यात्री एक-एक करके नीचे प्लेटफॉर्म पर उतर रहे थे। मधु, शिवा और पूजा सामान लेकर ट्रेन से नीचे उतरे और स्टेशन से बाहर आए। शिवा ने सारा सामान एक साइड पर रख दिया। उस वक्त बाहर बहुत सारे ऑटो खड़े थे। इन लोगों को देखकर एक ऑटो ड्राइवर निकट आया और पूछा-

"भाई साहब कहाँ जाना है? लगता है आप इस शहर में नए हो।"

"हाँ, नए हैं, " शिवा ने जवाब दिया।

"चलो, ऑटो में बैठो। वैसे कहाँ छोड़ना है आपको?" ऑटो ड्राइवर ने सवाल किया।

"पहले ये बताओ किराया कितना लोगे?" शिवा ने पूछा।

"वही, जितना सबसे लेते हैं।"

"अरे भाई हमें कैसे पता चलेगा? हमने तो इस शहर में अभी कदम रखा है।"

"आप लोग तीन सवारी हो और आपका सामान भी पहुंचाना है तो दो सौ रुपए लगेंगे साहब। इससे कम नहीं लूंगा।"

"शास्त्रीय नगर जाना है, अस्सी रुपए दूंगा।" शिवा ज़िद पर अड़ गए।

"इतना कम में तो तुम्हें कोई नहीं बिठाएगा। कोई बात नहीं, दूसरा ऑटो देख लो साहब।" यह कहकर ऑटो ड्राइवर वहाँ से चला गया।

"मधु तुम पूजा को लेकर यहीं कोने में खड़ी रहो, मैं अभी ऑटो लेकर आता हूँ।"

मधु और पूजा डकनिया स्टेशन पर एक कोने में खड़े रहकर शिवा का इंतजार कर रहे थे। पूजा और मधु की नज़रें डकनिया के चारों ओर घूम रही थीं। बिल्कुल सीधा-साधा गांव नज़र आ रहा था। पूजा को समझ में नहीं आ रहा था कि क्या यह वही खूबसूरत जगह है, जिसके बारे में मैंने काफी कुछ सुना था।

“पता नहीं यहाँ की शिक्षा कैसी होगी। यहाँ तो ऐसा कुछ नहीं दिखाई दे रहा है। अरे मैं भी न किस सोच में पड़ गई, हम यहाँ पढ़ाई करने आए हैं, बाकी चीज़ें हमारे लिए इतना मायने नहीं रखतीं। इतना तो पता है कि कोटा की शिक्षा बहुत अच्छी है। जिसने मन लगाकर पढ़ लिया वह ज़रूर सफल होकर जाता है।” वह मन ही मन सोच रही थी।

“क्या हुआ बेटी, किस सोच में डूब गई?” मधु ने पूजा की तरफ देखकर जिज्ञासा से पूछा।

“कुछ नहीं मम्मी, बस दो लाइन याद आ गई।”

“अरे वाह, मै भी सुनना चाहूंगी।” मधु मुस्कराते हुए बोली।

“सुनो मम्मी .. है लक्ष्य से इश्क बेपनाह तो आशिक ज़माना नहीं देखते हैं, है मुकाम हासिल करना तो रास्तों की कठिनाई से भी लड़ जाते हैं।”

“अरे वाह, बेटी तूने तो लाख टके की बात कह दी। आय ऐम इम्प्रेस्ड बेटा।”

“मम्मी आप ही से प्रेरित होकर बोल देती हूँ। कहो तो अंग्रेज़ी में सुनाऊं?”

“अरे नहीं नहीं ,.. रहने दो।”

मम्मी को हड़बड़ाते हुए देखकर पूजा हंसने लगी। हा... हा...हा..

दोनों माँ-बेटी का रिश्ता बिल्कुल करीबी दोस्त जैसा था। जब दोनों बातें करने लगतीं तो वक्त का पता ही नहीं चलता था। दोनों एक-दूसरे के प्रति आदर का भाव रखती थीं। ऊपर से पूजा नवोदय विद्यालय में पली-बढ़ी थी, तो आदर,सच्चाई ये गुण उसके व्यवहार में झलकते थे।

पांच-दस मिनट बाद शिवा ऑटो लेकर आए।

“अरे तुम माँ-बेटी ऐसे ही बातें करती रहोगी या ऑटो में भी बैठोगी। चलो जल्दी बैठो, हमें दिन ढलने से पहले रूम की भी तलाश करनी है, नहीं तो फुटपाथ पर सोना पड़ेगा।”

“पापा फुटपाथ पर सोने की नौबत नहीं आएगी। हमारे पंजाबी चाचाजी यहीं रहते हैं न।”

“हाँ बिटिया मेरे दोस्त का फोन आया था। वे हमें लेने के लिए अपने बेटे को भेजने वाले थे। लेकिन हमें रूम भी तो ढूंढ़ना पड़ेगा।”

शिवा थोड़े चिंतित थे कि कमरा कैसे मिलेगा, कहाँ मिलेगा ऐसे कई सारे सवाल उनके मन में उठ रहे थे। इन्हीं ख्यालों में डूबे हुए वे सामान ऑटो

में रखने लगे।

"मधु, सामान की पूरी जांच की है न। एक बार चेक कर लो।" शिवा ऑटो में सभी सामान रखते हुए बोले।

तभी मधु का ध्यान शिवा के बाएं कंधे की ओर गया।

"हे देवा! हे काय झाले? " मधु हाइपर होने लगी।

"क्या हुआ मधु? इतना क्यों हाइपर हो रही हो?"

"शिवा, आपके कंधे पर जो काले रंग का बैग था, वो दिखाई नहीं दे रहा है।"

"अरे हाँ, बैग तो मेरे पास ही था।"

उसी वक्त शिवा के पैरों तले ज़मीन खिसक गई। फिर वे लोग पूरा सामान चेक करने लगे।

तभी वहाँ शिवा के दोस्त का बेटा बलवंत आया। उसके पापा ट्रक ड्राइवर थे इसलिए उन्हें कई राज्यों से होकर गुज़रना पड़ता था और शिवा महाराष्ट्र पुलिस में ट्रैफिक पुलिस की ड्यूटी कर रहे थे। जिस सड़क पर शिवा ड्यूटी करते थे, उसी सड़क से ये पंजाबी भाईसाहब गुजरते थे। जब भी वे वहाँ से गुजरते थे, शिवा से मिलते थे। वे दिल के बहुत अच्छे थे। दोनों में दोस्ती हो चुकी थी। पंजाबी भाईसाहब हमेशा कहते थे कि राजस्थान घूमने आए तो हमारे घर ज़रूर आना दोस्त।

"पापा का अभी कॉल आया था कि वे लोग स्टेशन पहुंच गए हैं, तू उन्हें लेने जल्दी स्टेशन जा, वह इंतजार कर रहे होंगे, पापाजी के बताते ही मैं आप लोगों को तुरंत लेने चला आया।" इतना कहकर बलवंत ने अपनी स्कूटी साइड पर लगा दी।

लेकिन शिवा और मधु को कुछ समझ में नहीं आ रहा था कि अब क्या करें? बैग गुम होने के कारण दोनों उलझे हुए थे। वे बलवंत से कुछ नहीं बोले, सिर्फ हाँ में गर्दन हिला दी। बैग मिलना उनके लिए बहुत ज़रूरी था। इस नए शहर में बैग कहाँ और कैसे ढूंढ़ें, इस बात से वे लोग बहुत परेशान हो गए थे। बलवंत ने उनके चेहरे पर परेशानी देखी।

"क्या हुआ चाचा जी, आप इतने परेशान क्यों लग रहे हैं? सब ठीक तो है न?"

"हमारा बैग गुम हो गया, जिसमें मेरी बेटी के कोचिंग एडमिशन के सारे

डॉक्युमेंट थे और कुछ रुपए भी थे। बैंक की पास बुक वगैरा कुछ ज़रूरी आइटम भी थे। समझ में नहीं आ रहा है बेटा, अब हम क्या करेंगे?"

इतना कह कर शिवा ने जेब से मोबाइल निकाला और अपने जान-पहचान के पुलिस वालों को बैग गुम होने के बारे में जानकारी देने लगे।

"लगता है चाचा जी, बैग ट्रेन में ही छूट गया होगा।" बलवंत ने अपना अंदाज़ा लगाया।

"हाँ, मैं भी वही सोच रहा हूँ।"

"पूजा के पापा, यहाँ खड़े रहकर व्यर्थ समय न गवांइए, जो हो सके जल्दी कीजिए। एक बार डकनिया स्टेशन के ऑफिस जाकर देखिए नं, कुछ तो पता चलेगा।" मधु बैग को लेकर बहुत चिंतित हो गई थी। उसके आंसू निकलने लगे थे।

"मधु मुझसे पहले कभी ऐसा नहीं हुआ। मुझसे इतनी ज़रूरी चीज़ें कैसे गुम हो सकती हैं! " शिवा खुद को कोसने लगे।

"चाचाजी बैग अभी ट्रेन में ही होगा। ज़्यादा वक्त नहीं हुआ है, ट्रेन कोटा स्टेशन पहुंचने से पहले हमें कुछ करना होगा। हम यहाँ के ऑफिस से मदद लेंगे, जल्दी चलें।" बलवंत ने सुझाव दिया।

"मधु, मैं जब तक वापस न आऊं तब तक पूजा को लेकर यहीं रुककर मेरा इंतजार करना और हाँ, किसी अंजान आदमी को अपने बारे में कोई जानकारी मत देना। कोई इमरजेंसी लगे तो तुरंत कॉल करना। अपना ध्यान रखना, मैं अभी आता हूँ।"

तभी शिवा और बलवंत डकनिया स्टेशन के ऑफिस में मदद के लिए गए।

इधर मधु अपने स्वामी महाराज का जाप करने लगी। स्वामी जी से मन्नतें करने लगी। पूजा भी हाथ जोड़कर ईश्वर से मन्नतें करने लगी, कि हे ईश्वर हमें मुसीबत से बाहर निकालो।

तभी साइड में खड़ा ऑटो ड्राइवर बोला, "भाभी जी , मेरे धंधे का टाइम है, मैं और ज़्यादा देर नहीं रुक सकता, दूसरी सवारी लेकर जाना है। आपको तो बाद में कोई भी ऑटो मिल जाएगा।"

"भैया थोड़ी देर और रुक जाओ न, मेरी बेटी के भविष्य का सवाल है।" मधु विनती कर रही थी।

"ठीक है भाभी, मैं थोड़ी देर और रुक जाता हूँ।"

इन लोगों को परेशान देख इंसानियत के नाते ऑटो ड्राइवर रुक गया।

"मुझे लगता है, अब आपका बैग नहीं मिलेगा क्योंकि स्टेशन पर कितने लोग चढ़ते-उतरते हैं। मिल गया तो कन्हैया का करिश्मा ही समझो भाभी। दुआ करता हूँ, आपकी अमानत आपको सही-सलामत वापस मिल जाए।" ऑटो ड्राइवर भी थोड़ी देर के लिए चिंतित हो गया था।

उधर, शिवा डकनिया स्टेशन के ऑफिस पहुंचे। वहाँ ड्यूटी पर तैनात ऑफिसर को बैग के बारे में सारी डिटेल्स बताई कि, कौन सी जगह पर कितने नंबर की सीट पर बैठे थे, वगैरा। यह सब जानकारी देने के बाद, वहाँ की पुलिस टीम तुरंत काम पर लग गई। तुरंत अगले स्टेशन कोटा के ऑफिस में बैग के बारे में सारी जानकारी दे दी गई। जैसे ही जानकारी मिली, इंदौर से कोटा जाने वाली रणथंभौर ट्रेन में ड्यूटी पर मौजूद पुलिस वालों ने ट्रेन में छानबीन करना शुरू कर दिया था।

इधर मधु और पूजा का जी निकला जा रहा था क्योंकि आज बैग नहीं मिला तो बहुत कुछ खोना पड़ेगा।

आज सिर्फ दुआ काम आने वाली थी। कोई चमत्कार हो जाए और इन लोगों का बैग मिल जाए, बस यही एक उम्मीद बाकी थी।

उम्मीद पर दुनिया कायम है। इस बात पर विश्वास रखते हुए दोनों माँ-बेटी बार-बार ईश्वर की आराधना कर रही थीं। अब तो कड़ी धूप में खड़े होकर भी धूप का उन पर कोई असर नहीं हो रहा था। न प्यास लग रही थी, न भूख। इस वक्त दोनों माँ-बेटी जिस परिस्थिति से गुजर रहीं थीं, उसके आगे धूप का असर बहुत कम था।

"मम्मी कुछ दो लाइनें याद आईं, सुनना चाहोगी?"

"हाँ सुना दो बेटी।" मधु, बेटी को नाराज़ नहीं करना चाहती थी।

"कड़ी धूप में आज हम यहाँ खड़े हुए हैं..
न भूख न प्यास, हम उम्मीद से जुड़े हैं।"

पूजा की आवाज़ काफी दर्द भरी लग रही थी।

मधु बैग गुम होने के सदमे में होकर भी पूजा को दिलासा दे रही थी।

"इतना मत सोचो बिटिया, आपके पापा सब ठीक कर देंगे। ये लो, घर से चिवड़ा लेकर आई थी थोड़ा खा लो, तुम्हें भूख लगी होगी न।"

"आज कोई करिश्मा ऐसा टकराकर जाए..
उम्मीद की किरणों से दुआ असर कर जाए।"

बैग मिल जाए, इस विचार से पूजा एक के बाद एक कविता रचे जा रही थी। दोनों माँ-बेटी काफी चिंतित थीं कि बैग मिल पाएगा या नहीं!

डकनिया तालाब स्टेशन के ऑफिस से शिवा और बलवंत मधु और पूजा के पास लौट आए।

शिवा ने मधु को दिलासा देते हुए कहा, "तुम दोनों चिंता मत करो। ट्रेन अभी कोटा स्टेशन पहुंची नहीं है। कुछ भी करके मुझे ट्रेन पहुंचने से पहले कोटा स्टेशन पहुंचना होगा।"

"लेकिन आप इतने कम समय मे कोटा कैसे पहुंच पाएंगे?" मधु सोच में पड़ गई।

"क्या मैं तुम्हारी स्कूटी ले जा सकता हूँ, बेटा?"

"हाँ, क्यों नहीं चाचा जी, ले जाओ आप। तब तक मैं इन लोगों को ऑटो करके घर लेकर जाता हूँ। मम्मी इंतजार करती होगी।"

शिवा ने टाइम न गंवाते हुए बलवंत की स्कूटी निकाली। चाबी स्कूटी में ही लगी हुई थी। उन्होंने स्कूटी स्टार्ट की और वहाँ से निकलने से पहले बलवंत से कहा,

"इन्हें ऑटो करके अपने घर ले जाओ बेटा, तब तक मैं बैग लेकर आता हूँ।"

शिवा वहाँ से बैग की तलाश में कोटा स्टेशन की ओर निकल पड़े। लेकिन इस बात की कोई गारंटी नहीं थी कि बैग मिल जाएगा। शिवा के पास सकारात्मक सोच थी, साथ ही उम्मीद से ईश्वर का नाम लेकर मिशन को अंजाम देने का जज़्बा, इसी जज़्बे के साथ वे निकल पड़े अपने लक्ष्य की ओर।

शिवा ने वहाँ से निकलते वक्त मधु को पूरे आत्मविश्वास के साथ बैग वापस लाने का वादा किया था। शिवा की बात सुनकर मधु और पूजा की जान में जान आई और वे लोग भी कोटा में स्थित शास्त्रीय नगर के लिए रवाना हो गए थे, जहाँ बलवंत का घर था। ऑटो, शास्त्रीय नगर में पंजाबी भाभी के घर के सामने आकर रुका। बलवंत की माँ सोनाक्षी भाभी जी उनका ही इंतजार कर रही थीं।

उधर शिवा स्कूटी की रफ्तार बढ़ाते हुए कोटा स्टेशन पहुंचने का प्रयास कर रहे थे।

दूसरी तरफ जैसे ही कोटा स्टेशन के ऑफिस में बैग गुम होने की जानकारी मिली, तुरंत कोटा की रेलवे पुलिस टीम काम पर लग गई। शिवा जिस ट्रेन में सफर कर रहे थे, उसी ट्रेन में पुलिस वालों ने छानबीन शुरू कर दी थी। रेल के डिब्बे में काफी भीड़ थी। पैर रखने की भी जगह नहीं थी, क्योंकि वह जनरल डिब्बा था। छानबीन करते-करते पुलिस उसी जगह आकर पहुंची, जहाँ कुछ समय पहले शिवा के साथ उनका परिवार बैठा हुआ था।

मिशन को आगे बढ़ाते हुए पुलिस ने डिब्बे के सारे यात्रियों का सामान हटाया और सीटों के नीचे छानबीन करने लगे। शिवा थोड़ी देर पहले जिस सीट पर बैठे थे, उस सीट पर अब दूसरे यात्री बैठे हुए थे। ठीक उसी सीट के नीचे कोने में पुलिसवालों को एक काले रंग का बैग दिखाई दिया। पुलिस ने वह बैग बाहर निकाला।

मिशन कामयाब होने पर पुलिसवालों के चेहरों पर अनोखी चमक झलकने लगी। उन्होंने तुरंत कोटा स्टेशन के ऑफिस में कॉल लगा कर बैग मिलने की जानकारी दी। दूसरी ओर डकनिया स्टेशन के ऑफिस को भी जानकारी दे दी गई।

इस ओर मधु, पूजा, सोनाक्षी भाभी सभी लोग उनके बड़े से हॉल में बैठ कर शिवा का इंतजार कर रहे थे। सामने टेबल पर चाय, मिठाइयां, बिस्किट और अलग-अलग तरह के नमकीन प्लेट में रखे हुए थे।

"भाभी जी कुछ तो खा लीजिए और गुड़िया आप भी, आप लोगों ने कल से कुछ नहीं खाया है, थोड़ा खा लीजिए, तब तक मैं खाना लगाती हूँ।"

इस वक्त, सोनाक्षी भाभी की बातों पर दोनों माँ-बेटी का ध्यान नहीं था। दोनों के दिल में एक ही ख्याल चल रहा था कि, शिवा बैग लेकर कब वापिस आएंगे। इस वक्त दोनों माँ-बेटी का दिल किसी चीज़ में नहीं लग रहा था। भाभी जी उनसे बातें किए जा रही थीं और ये दोनों जवाब में धीरे से मुस्करा देती थीं। दोनों माँ-बेटी की नज़रें दरवाज़े पर टिकी हुई थीं।

सोनाक्षी भाभी दिल की इतनी अच्छी थीं कि पराये अंजान लोग उनके घर में पनाह ले रहे हैं, ऐसा एक पल के लिए भी एहसास नहीं होने दिया।

उनके लिए यह यादगार लम्हा था। पहली बार किसी अंजान शहर में आना, अंजान लोगों से मिलना और खून का रिश्ता न होते हुए भी इतने प्यार से घुल-मिल जाना। ये सब बातें मधु और पूजा के लिए बहुत मायने रखती थीं। एक पल के लिए मधु को लगा कि, पूजा को हम पढ़ाई के लिए सही जगह लेकर आए हैं। वैसे तो इस कलयुग में इतने अच्छे और साफ दिल के इंसान मिलना भगवान मिलने के बराबर है। दोनों माँ-बेटी के लिए अब तक का यह सबसे खास अनुभव था।

दूसरी ओर शिवा स्कूटी की रफ्तार बढ़ाते हुए कोटा स्टेशन पहुंचने ही वाले थे, तभी शिवा की जेब में रखे मोबाइल की रिंग बजने लगी। शिवा ने तुरंत स्कूटी की रफ्तार धीमी तो कर दी, मगर उनके दिल की धड़कनों की रफ्तार तेज़ हो गई थी।

"ऑफिस से कॉल है। बैग मिला होगा या नहीं? या कोई यात्री उठाकर ले गया होगा! " इस वक्त कई सारे सवाल उनके दिमाग में आ रहे थे। उन्होंने जेब से मोबाइल निकाला और देखा तो डकनिया स्टेशन ऑफिस से कॉल था। शिवा ने तुरंत अपनी स्कूटी रोड के किनारे पर लगा दी और हड़बड़ी से कॉल उठाया।

"ह्.. हैलो, सर...... ।"

"शिवा?"

"ह् हा सर, मैं ही बात कर रहा हूँ, बैग मिला सर? "

"कोटा स्टेशन के ऑफिस जाकर चेक कर लो कि वह बैग आपका ही है या किसी और का है।"

"थैंक्यू सर, मैं चेक कर लेता हूँ।"

फिर उधर से कॉल कट हो गई।

शिवा को एक तरफ बैग मिलने की खुशी थी और दूसरी तरफ वह बैग मेरा ही होगा या नहीं! इस बात की कोई गारंटी नहीं थी।

कोटा की रेलवे पुलिस ने बैग सही-सलामत ढूंढ़ लिया था, मगर शिवा को पूरी तरह से यकीन नहीं हो रहा था।

शिवा ने अपनी धड़कनों के साथ स्कूटी की रफ्तार भी तेज़ कर दी। कुछ ही समय में स्कूटी कोटा स्टेशन पहुंच गई। कोटा स्टेशन आते ही शिवा की जान में जान आई। स्कूटी को स्टेशन के बाहर लगाकर शिवा भागते हुए

स्टेशन के ऑफिस में पहुंचे। शिवा वहाँ की पुलिस से बैग के बारे में पूछताछ करने लगे।

"नमस्ते,सर! आपको डकनिया स्टेशन ऑफिस से बैग के सिलसिले में कोई कॉल आया था क्या? मेरा बैग डकनिया स्टेशन उतरते समय ट्रेन में छूट गया था। प्लीज़ बैग ढूंढ़ने में मेरी मदद कीजिए।"

"आप शिवा पाटिल हो क्या?"

"हाँ सर।"

"अच्छा तो.., वह बैग आपका था! रमेश वह बैग इधर लेकर आओ।"

रेलवे पुलिस पूछताछ करने लगी।

शिवा उस वक्त मन में बार-बार ईश्वर से मिन्नतें करने लगे।

"हे भगवान! पुलिस को जो बैग मिला है, वह मेरा ही हो। प्लीज़-प्लीज़ भगवान!"

पुलिस ने एक काले रंग का बैग शिवा के सामने रखा।

"क्या ये वही बैग है, जो आपसे गुम हो गया था ?"

"हाँ सर, यह मेरा ही बैग है।"

बैग सामने देखकर शिवा की आंखें खुशी से भर आईं। शिवा तुरंत बैग को उठाने लगे तभी वहाँ की पुलिस ने रोक लिया।

"रुको साहब अभी कार्यवाही पूरी नहीं हुई। आप बैग लेकर नहीं जा सकते।"

"हाँ सही है आपकी बात भी। आप अपनी कार्यवाही पूरी कीजिए।"

शिवा भी एक पुलिसकर्मी थे, उन्हें कार्यवाही के नियम पता थे। आगे क्या कार्यवाही होगी, इससे वे वाकिफ थे।

हर कार्यवाही का अपना एक नियम होता है और उसी का अनुसरण करते हुए रेलवे पुलिस ने शिवा के हाथ में बैग देने से पहले पूछताछ शुरू की।

"इस बैग में क्या-क्या डाक्युमेंट रखे हुए थे बताइए और कितने पैसे थे बैग में?"

पुलिसकर्मी पुष्टि करने के लिए ऐसे कई सारे सवाल पूछने लगे।

पुलिसकर्मी इमानदारी से अपनी ड्यूटी निभा रहे थे, इस बात से शिवा वाकिफ थे क्योंकि वह भी एक पुलिसकर्मी ही थे।

शिवा ने बैग में जो भी चीज़े रखी थीं, उसके बारे में सही जानकारी दे दी। फिर पुष्टि होते ही उन्होंने तुरंत शिवा के हाथों में बैग सौंप दिया। शिवा के बैग में सभी सामान सही-सलामत था। शिवा मन ही मन सोचने लगे।

"ट्रेन में इतनी भीड़ होते हुए भी मेरा बैग सही सलामत रहा। कोई सामान चोरी नहीं हुआ या कोई बैग उठाकर ले भी जा सकता था, मगर ऐसा कुछ नहीं हुआ। सब ऊपर वाले का करिश्मा है! मेरा बैग सही-सलामत वापस मिल गया। हे ईश्वर! तेरा लाख-लाख शुक्र है।" इस बात के लिए शिवा ईश्वर को शुक्रिया अदा करने लगे।

बैग मिलते ही शिवा ने कोटा रेलवे पुलिस का शुक्रिया अदा किया। आज उन्होंने वक्त आने पर जो इमरजेंसी में शिवा की मदद की, उसकी दाद देनी पड़ेगी। फिर शिवा बैग लेकर स्टेशन से बाहर आए। बैग के चक्कर में शिवा घड़ी की तरफ देखना भूल गए थे। अब घड़ी में चार बज चुके थे।

"ओह ,गॉड। काफी समय बीत चुका। दिन ढलने से पहले रूम की तलाश भी करनी है। क्या यह मुमकिन हो पाएगा? बैग के चक्कर में मैंने मधु का कॉल भी नहीं उठाया। वह दोनों मेरा इंतजार कर रहे होंगे। चल बेटा शिवा, अपनी रफ्तार बढ़ा ले!"

"रफ्तार बढ़ाने से पहले, मधु को कॉल करके बैग मिलने की जानकारी दे देता हूँ।" इस वक्त शिवा के चेहरे पर अनोखी खुशी थी।

दूसरी ओर मधु, शिवा के बारे में ही सोच रही थी। सोनाक्षी भाभी के रूम में दीवार पर लगी घड़ी का कांटा टिक-टिक करके दिन ढलने की दस्तक देने लगा था। मधु की पलकें एकटक दरवाज़े की ओर देख रही थीं , तो दूसरे पल घड़ी की रफ्तार की ओर। तभी फोन की घंटी बजी। शिवा का नंबर देखकर दिल की धड़कनें बढ़ गईं। मधु ने तुरंत कॉल उठाया।

"हैलो शिवा, तुम ठीक तो हो न ! बैग मिला कि नहीं?"

"हाँ, मधु। शुक्र है ईश्वर का, बैग मिल गया।"

बैग मिलने की खुशी पर मानों इस वक्त दोनों तरफ दीवाली थी। दोनों के मन में खुशी के लड्डू फूट रहे थे।

"क्या हुआ भाभी आपके चेहरे पर अचानक मुस्कान छा गई, भाई साहब को बैग मिल गया शायद।"

"हाँ, अभी उनका ही कॉल था।"

दूसरी ओर, स्कूटी की रफ्तार बढ़ाते हुए कुछ ही समय में शिवा शास्त्री नगर पहुंच गए। शिवा को बलवंत के घर का पता मालूम नहीं था। शास्त्री नगर पहुंचते ही शिवा ने उसे कॉल किया।

इस ओर बलवंत, शिवा का ही इंतजार कर रहा था। उसी वक्त शिवा का कॉल आया। देखते ही बलवंत ने तुरंत फोन उठाया।

"हैलो, चाचाजी। आप कहाँ तक पहुंचे?"

"बेटा मैं अभी शास्त्री नगर पहुंचा हूँ। लेकिन आपके घर का एड्रेस नहीं पता।"

बलवंत ने तुरंत शिवा को पता बताया। कुछ ही पल में शिवा की स्कूटी बलवंत के घर के सामने आकर रुकी। बलवंत शिवा के इंतजार में बाहर ही खड़ा था। बलवंत ने शिवा के हाथ में बैग देखा।

"चाचा जी अच्छा हुआ बैग मिल गया। आज आप बहुत टेंशन में आ गए थे।"

"आज ईश्वर की कृपा है कि इतना बड़ा अनर्थ होने से हमें ईश्वर ने बचा लिया। बैग खो जाता तो बेटी का एडमीशन नहीं हो पाता। पैसा ,बैंक अकाउंट सब चला जाता।"

बातें करते-करते दोनों घर के अंदर आए।

शिवा के घर आते ही सभी की जान में जान आई। शिवा के अंदर आते ही पूजा दौड़कर अपने पापा के पास आई और पापा के हाथ पर कसकर ताली मारी।

"ओह, पापा आज तो जान ही निकल गई थी। बैग नहीं मिलता तो मेरे एडमीशन का क्या होता? हमें वापस घर लौटना पड़ता।" कुछ पल के लिए पूजा थोड़ी मायूस हो गयी थी।

"कभी खुशी कभी गम यही जिंदगी के दो पहलू हैं बेटी। धरती पर ऐसा कोई प्राणी मात्र नहीं, जिसे संघर्ष नहीं करना पड़ा हो। संसार में हर प्राणी अपनी क्षमता के अनुसार आखरी सांस तक संघर्ष करता रहता है। जो संघर्ष से लड़ते रहे हैं, उन्हें एक दिन उनकी मंजिल ज़रूर मिलती है।"

"एक बात हमेशा याद रखना बिटिया, हौसला, उम्मीद और धैर्य को जिसने अपना लिया, उसकी जीत निश्चित है। इनका कभी अंत नहीं होने देना! यह बात हमेशा याद रखना बिटिया तुम्हें पढ़ाई के दौरान काम आएगी।"

"सचमुच आप हमारे दुनिया के सबसे अच्छे और बहादुर पापा हो। I am proud of you Papa !" अपने पापा की बातों से पूजा बहुत प्रभावित थी।

"सच है भाई साहब, आपने समय न गवांते हुए तुरंत सही फैसले लिए और उनके अनुसार आगे कदम बढ़ाए, फिर बैग तो आज आपको मिलना ही था न।" सोनाक्षी भाभी ने कहा।

"सही कहा आपने भाभी जी, हाथों में लिया हुआ कोई भी कार्य समय रहते ही पूरा कर लेना चाहिए, फिर बाद में पछताने की नौबत नहीं आती, कि मैंने समय रहते ही कार्य पूरा क्यों नहीं किया!"

शिवा एक ऐसे पिता थे, जो हमेशा प्रेरणा देने वाली बातें किया करते थे। जो भी उनके सानिध्य में आता था, उनको कुछ ना कुछ मोटिवेशन ज़रूर मिलती थी, जिससे ज़िंदगी की कठिनाइयां आसान हो जाती थीं।

बाद में शिवा ने संतुष्टि के साथ मुस्कराते हुए तुरंत मधु के हाथ में बैग थमा दिया।

"आप बैग के साथ सही-सलामत लौट आए, मेरे लिए इससे अधिक खुशी और क्या हो सकती है जी।" मधु की आंखें नम हो गई थीं।

मधु ने जांच के लिए तुरंत बैग खोलकर देखा, सभी चीजें सही-सलामत थीं। फिर मधु ने मन ही मन ईश्वर को धन्यवाद दिया।

शिवा फ्रेश होने के लिए जब तक बाथरूम गए तब तक सोनाक्षी भाभी ने मेज पर गरमागरम स्वादिष्ट पंजाबी व्यंजन मक्के की रोटियां, दाल मखनी, दही भल्ले, रायता, सब्जियां डालकर बनाए हुए घी के परांठे से सजी थालियां लगा दी थीं। सभी एक साथ खाना खाने बैठे। खाना खाते समय कुछ देर इधर-उधर की गपशप करते रहे।

गपशप लड़ाते हुए शिवा को पंछियों की किलकारियां सुनाई देने लगीं। दिन भर जीविका की तलाश में भटकने के बाद थक चुके पंछियों ने अपने घोंसलों की ओर लौटना आरंभ कर दिया था। देखते ही देखते घड़ी में छह बज चुके थे। घड़ी की टिक-टिक रुकने वाली नहीं थी। शिवा ने सोचा, आज दिन ढलने से पहले कुछ भी करके रूम की तलाश करनी ही होगी। इस अंजान शहर में वक्त आने पर इन लोगों ने हमें पनाह दी, ये हमारे लिए बहुत बड़ी बात है। अब हमें तुरंत रूम ढूंढ़ने के लिए जाना होगा।

पीजी रूम की तलाश और कोटा की सड़कें

शिवा को किराए का कमरा देखने जाना था। उन्होंने इस बारे में बलवंत से बात की। फिर वे दोनों रूम की तलाश में कोटा शहर की गलियों में आ पहुंचे। बलवंत बचपन से ही कोटा शहर में पला-बढ़ा था। इसलिए वह शहर के चप्पे-चप्पे से वाकिफ था।

वे दोनों सबसे पहले एक कोचिंग सेंटर के पास आए। कोचिंग सेंटर के पास आते ही बलवंत ने पूछा-

"चाचा जी यह बिल्डिंग माहेश्वरी प्लस करियर इंस्टीट्यूट की है, आपने बिटिया का एडमीशन यहीं करवाया है न?"

"हाँ बेटा , यहीं करवाया है। हम घर से क्या-क्या प्लान करके निकले थे, हम सबसे पहले कोचिंग सेंटर ही आने वाले थे, बिटिया का कोचिंग देखना था लेकिन बैग के चक्कर में सब धरा का धरा ही रह गया।"

"आज रूम मिल जाने के बाद, आप कल सुबह गुड़िया को लेकर कोचिंग सेंटर आ जाना।"

"हाँ, कल आ जाएंगे। अब वक्त कहाँ बचा है। ऊपर से रूम मिलने की टेंशन!"

दोनों बातें करते हुए एक रेसिडेंसी के पास आकर रुके। उन्होंने स्कूटी साइड पर लगाई। रेसिडेंसी के गेट पर एक मोबाइल नंबर लिखा था। शिवा ने उसे फोन किया, रेसिडेंसी के मालिक ने उधर से फोन उठाया।

"हैलो, कौन बात कर रहे हैं?"

"नमस्ते, भाई साहब। क्या आपके यहाँ कोई रूम खाली है?"

"हाँ, है। अंदर आ जाओ।"

शिवा और बलवंत रेसिडेंसी के अंदर आए। उन्होंने रेसिडेंसी के पूरे रूम देखे लेकिन शिवा को पसंद नहीं आया और किराया भी ज़्यादा था। फिर वे

वहाँ से लौट आए। दोनों ने उस एरिया में कई सारे कमरे देखे। कमरे काफी अच्छे थे। लेकिन शिवा संतुष्ट नहीं थे। तभी सामने से एक ऑटो जा रहा था। उस ऑटो वाले का नाम था 'भोलू'। शिवा ने तुरंत उसे रोका और कमरे के बारे में पूछताछ करने लगे।

"भाई मुझे किराये का कमरा लेना है। आपकी नज़र में कोई अच्छा कमरा हो तो बता सकते हैं प्लीज़, हम कमरे की तलाश में हैं।"

"कमरे तो बहुत सारे मिल जाएंगे साहब। आपको कमरा कैसा चाहिए? सिंगल या डबल? पीजी में रहना है या हॉस्टल में?"

"पीजी में एक कमरा और किचन मिलेगा तो अच्छा होगा।" शिवा ने जवाब दिया।

"बड़े अच्छे-अच्छे ए.सी.कमरे भी अवेलेबल हैं। लेकिन आपका बजट क्या है साहब? उस हिसाब से दिखाऊंगा।" भोलू ने जानकारी दी।

"कमरा सुरक्षित और आरामदायक होना चाहिए। बजट तो बाद में देख लेंगे, पहले कमरा देख लेते हैं।" शिवा ने कहा।

"देखो भाई साहब, आपका बजट ज़्यादा हो तो कोचिंग के इस पार नज़दीक के एरिया में कमरा देख सकते हो। लगभग पंद्रह-बीस हज़ार तक ऊपर-नीचे किराया देना पड़ सकता है, पर एसी कमरे मिलेंगे आपको! और कोचिंग के उस पार यानी ये पुलिया देख रहे हो न, (पुलिया की तरफ इशारा करते हुए) उस पार आपको थोड़ा किफायती किराये में कमरा मिल सकता है। बाकी आपकी मर्ज़ी, आपको कमरा कैसा चाहिए। मेरा काम था आपको सुझाव देना।"

"आप कहां से हो साहब? बच्चे के एडमीशन के लिए आए हो न!" ऑटो ड्राइवर ने अंदाज़ा लगाते हुए पूछा।

"हाँ, महाराष्ट्र से हूँ।" शिवा ने जवाब दिया।

"इस साल महाराष्ट्र से काफी बच्चे आए हैं।" ऑटो ड्राइवर बोला।

ऑटो ड्राइवर ने फिर थोड़ी देर कुछ सोचा और तुरंत अपनी जेब से मोबाइल निकाला। कॉन्टैक्ट नंबर सर्च करते हुए एक नंबर डायल किया। दूसरी ओर रिंग बजी।

"हैलो, भोलू क्या हुआ भाई? क्यों कॉल किया तूने?" दूसरी ओर से आवाज़ आई।

“अरे श्याम, वो बिहारी भाभी रूम खाली करके जाने वाली थी, फिर क्या हुआ उन लोगों का?”

“उनका कमरा तो अभी खाली है। भाभी जी ने बेटे का जेईई का फॉर्म उधर ही भरा शायद। क्यों भाई भोलू क्यों पूछ रहा है?”

“एक महाराष्ट्र के भाई साहब हैं, उनको कमरा चाहिए था। आंटी जी से बात करके देख।”

“उनको कमरा कब चाहिए ? पूछ के बता।”

“एक सेकंड होल्ड कर, पूछता हूँ।” भोलू ने जवाब दिया।

भोलू ने कॉल होल्ड पर रखकर शिवा से पूछा-

“आपको कमरा कब तक चाहिए?”

“अभी दिखा देते तो अच्छा होता।”

“मेरे भाई, उन्हें अभी कमरा देखना है। बोल क्या करूं लेकर आऊं उन्हें?”

“ले आओ, दिखा देंगे।”

“अच्छा तो फिर ठीक है। तुम आंटी जी से बात कर लेना।”

“हाँ ठीक है,” कहकर श्याम ने उधर से फोन काट दिया।

“चलिए मेरे साथ, एक कमरा खाली है। पहले वह दिखा देता हूँ। अगर पसंद ना आए तो दो-चार और हैं, उन्हें भी देख लेना।”

ऑटो वाले ने अपना ऑटो पुलिया के उस पार मोड़ लिया।

बलवंत और शिवा स्कूटी पर सवार होकर ऑटो के पीछे-पीछे कमरा देखने निकल पड़े।

“यह कौन-सा एरिया है?” शिवा ने पूछा।

“चाचा जी यह महावीर नगर का एरिया है। इधर काफी सारे स्टूडेंट अपनी मम्मियों के साथ रहते हैं। इस एरिया में पीजी रूम आसानी से मिल जाते हैं।” बलवंत स्कूटी चलाते वक्त शिवा को जानकारी दे रहा था।

शिवा, कोटा की भीड़ भरी गलियां देखकर दंग रह गए। कोटा को शिक्षा की नई काशी क्यों कहा जाता है, यह बात उन्हें कोटा की सड़कें घूमने के बाद ही पता चली थी।

शिवा, कोटा की सड़कों के हर तरफ दूर-दूर तक नज़रें घुमा रहे थे। उन्होंने देखा कि छात्राएं धूप से बचने के लिए हाथ में पानी की बोतल और

छाता पकड़े हुए नज़र आ रही थीं, साथ ही कोचिंग इंस्टीट्यूट के अनुसार छात्राएं हरे, सफेद, नीले, काले, पीले आदि रंग की वेशभूषा में कोचिंग सेंटर आते- जाते हुए नज़र आ रही थीं। उनके पीठ पर लटके हुए बैगों पर उनके कोचिंग इंस्टीट्यूट का नाम लिखा था। भारत के कोने-कोने से आए हुए सभी छात्र हिन्दी में जब एक-दूसरे से बातें करते थे, तो उनके लहज़े में अपने राज्य की बोली व भाषा की झलक दिखती थी। अपनी बोली व भाषा में एक-दूसरे से बातचीत कर रहे थे मगर एक-दूसरे के साथ घुल-मिल गए थे। भारत देश की विविधता एक ही स्थान पर यानी शिक्षा की नगरी कोटा में अनेक रंगों के साथ दिखाई दे रही थी जो विविधता में एकता का प्रतीक था।

कोटा की सड़कें, कोचिंग में पढ़ने वाले छात्र-छात्राओं की चहल-पहल से गुलजार थीं। शिवा ने कोटा की एक बात पर गौर किया था, वह था अनुशासन। सभी छात्र सड़कों पर पूरे अनुशासन के साथ कोचिंग सेंटर आ-जा रहे थे। यह नज़ारा शिवा के दिल को छू गया था।

बलवंत स्कूटी चलाते समय स्कूटी के बाएं शीशे में से शिवा को देख रहा था। बलवंत समझ गया था कि चाचा जी क्या सोच रहे हैं।

बलवंत ने कहा, “चाचा जी, वैसे देखा जाए तो कोटा नगरी में भारत के सभी राज्यों के कोने-कोने से, बड़ी उम्मीद लेकर हर साल लगभग डेढ़-दो लाख के आसपास बच्चे आते हैं। कोचिंग में अच्छी से अच्छी शिक्षा ग्रहण करते हैं । कोटा में सब मेहनत का खेल है चाचा जी।”

दिल को छू जाने वाले ये नज़ारे देखकर शिवा को अपनी बेटी पूजा के लिए कोटा में शिक्षा दिलवाने का फैसला बिल्कुल सही लग रहा था।

बच्चों को अच्छे से अच्छी शिक्षा मिले और वो सफलतापूर्वक अपने मुकाम तक पहुंच जाएं यह हर मां-बाप का सपना होता है, शिवा मन में सोच रहे थे।

पाटिल परिवार यही आस लेकर कोटा आया था। अब देखना यह था कि कोटा नगरी इन लोगों को किस तरह भाती है?

ऑटो एक चार-मंजिला इमारत के सामने आकर रुका, जिस पर एस. रेसिडेंसी नाम लिखा था। बलवंत ने ऑटो के पास उसी रेसिडेंसी के सामने अपनी स्कूटी रोक दी। बलवंत और शिवा उसके पास आकर खड़े हुए। शिवा का अभी भी कोटा की सड़कों पर नज़रें घुमाना जारी था। जहाँ वह दोनों खड़े

थे, उस इलाके में हर तरफ इस रेसिडेंसी की तरह हॉस्टल की कतारें लगी हुई थीं, जहाँ कोचिंग में पढ़ने वाले छात्र-छात्राएं रहती थीं और हॉस्टल के निचले हिस्से में मेस होती थी, जहाँ छात्रों के लिए चाय, नाश्ता-पानी और भोजन की व्यवस्था होती थी। कोटा की गलियों में जगह-जगह ऐसा ही नज़ारा देखने को मिल रहा था, जो बहुत दिलचस्प था। यह बाहर से आए हुए अंजान लोगों को सपनों के शहर जैसा लगता था। लेकिन यही वास्तविकता थी।

भोलू ने रेसिडेंसी के पास आकर गेट पर लगा बेल बटन दबाया, जिसकी गूंज रेसिडेंसी के कमरों तक जा पहुंची। बेल की आवाज़ सुनकर ऊपर से आवाज आई_

"कौन है?"

यह किसी महिला की आवाज़ थी। आवाज़ सुनकर भोलू ने जवाब दिया, "आंटी जी, मैं हूँ भोलू। एक भाई साहब आए हैं; उन्हें कमरा देखना है।"

"उन्हें लेकर अंदर आओ।"

भोलू मुस्कराहट के साथ शिवा और बलवंत को रेसिडेंसी के अंदर लेकर आया। श्याम भी वहीं एक नए किराएदार के कमरे में पंखा फिट कर रहा था। श्याम ने इन लोगों को देखा और बोला-

"अरे भोलू, आओ आओ, भाई साहब आप भी। पहले आंटी जी से बात कर लेते हैं फिर कमरा देख लेना।"

श्याम तुरंत उन लोगों को आंटी जी से मिलवाने पहले फ्लोर पर लेकर आया, जहाँ रेसिडेंसी की मालकिन आंटी जी रहती थीं। आंटी जी के कमरे के पास आकर उसने दरवाज़े पर लगा बेल बटन दबाया। बेल की आवाज सुनकर आंटी जी ने तुरंत दरवाज़ा खोला।

वे लोग कमरे के अंदर आए। आंटी जी ने उन्हें सोफे पर बिठाया। खातिरदारी करते हुए एक ट्रे में पानी के गिलास भरकर लाईं। सभी ने दो- दो घूंट पानी पिया और गिलास टेबल पर रख दिए।

आंटी जी की खातिरदारी देखकर और मीठी बातें सुनकर शिवा को वहाँ अच्छा लगा और वह मन में सोचने लगे कि, यहाँ की मालकिन आंटी जी दिल की अच्छी लग रही हैं। मेरी फैमिली इस रेसिडेंसी में बिल्कुल सुरक्षित रहेगी। ज़्यादा इधर-उधर कमरा ढूंढ़ने से अच्छा है कि इसी रेसिडेंसी में

कमरा फाइनल कर लेता हूँ और दिन भी ढल चुका है।

शिवा को कुछ सोचते हुए देख, आंटी जी ने अच्छी तरह अंदाज़ा लगा लिया था कि, शिवा क्या सोच रहे थे, क्योंकि आंटी जी के लिए यह कोई नई बात नहीं थी। शिवा जैसे कई लोग आंटी जी को रोज़ ही मिलते थे और आंटी जी के ये रोजमर्रा के डायलॉग थे।

"आप ज़्यादा ही सोच में पड़ गए भाई साहब, चिंता मत करो आपका परिवार यहाँ बिल्कुल सुरक्षित रहेगा। हमारे रेसिडेंसी में आज तक किसी ने कोई शिकायत नहीं की है, सभी बच्चे व माताएं आनंद से रहते आए हैं।"

आंटी जी, शिवा को अपने रेसिडेंसी के बारे में बढ़ा-चढ़ाकर बता रही थीं। शिवा आंटी जी की बातों से प्रभावित हो गए थे। शिवा ने कहा-

"आंटी जी हमें आज ही शिफ्ट होना था, क्यों न मैं एक बार कमरा देख लूं?"

"क्यों नहीं ज़रूर, मै बातों-बातों में आपको कमरा दिखाना भूल ही गई।"

आंटी जी की बातों में आकर कमरा देखने के पहले ही शिवा ने कमरा पसंद कर लिया था। इस बात से आंटी जी का दिल बहुत खुश हो गया था।

"आप महाराष्ट्र के लोग बड़े प्यारे होते हैं।" आंटी जी खुश होकर बोलीं।

आंटी जी के साथ वे लोग ग्राउंड फ्लोर पर आए , जहाँ काफी सारे रूम उपलब्ध थे। आंटी जी ने श्याम के हाथों में रूम के ताले की चाबी देकर कहा-

"अच्छी सी सफाई कर दे, भाभी जी को यहाँ आने के बाद कोई टेंशन नहीं होनी चाहिए।"

श्याम ने आंटी जी के हाथों से चाबी ली और दरवाजे का ताला खोला। सब लोग अंदर आए।

तभी शिवा की जेब में रखे मोबाइल की रिंगटोन बजने लगी। शिवा ने जेब से मोबाइल निकाला और देखा तो मधु का कॉल था। शिवा ने तुरंत कॉल रिसीव किया।

"हेलो मधु।"

"जी, आपको कोई कमरा मिला? अगर नहीं मिला हो, तो ज़्यादा टेंशन मत लेना। घड़ी में शाम के सात बज चुके हैं। हम कल सुबह कमरे की तलाश कर लेंगे। आप जहाँ भी हो वापस आ जाइए।"

दिन ढलने के कगार पर था और उन लोगों के लिए यह शहर भी नया

था इसलिए मधु को शिवा की चिंता होने लगी थी।

शिवा कमरे को अच्छे से निहार रहे थे। कमरा अंदर से नीले रंग से रंगा था। अंदर फर्नीचर का टूटा-फूटा सामान रखा था, साथ ही दों सिंगल बेड रखे थे, जिन पर बहुत सारी गद्दियां, तकिये अस्त-व्यस्त बिखरे पड़े हुए थे, जिन पर धूल चढ़ी हुई थी। कमरे की तरफ देखने से ऐसा प्रतीत हो रहा था कि जैसे वह कोई स्टोर रूम हो।

शिवा कमरे की बिखरी हालत देख ही रहे थे कि अचानक शिवा के पैरों को किसी चीज का स्पर्श हुआ और शिवा का ध्यान भटका। उनका ध्यान अपने पैरों की ओर गया, देखा तो दोनों पैरों के बीच से एक चूहा दौड़ता हुआ नज़र आया। पैरों में चूहे का स्पर्श महसूस होते ही उन्होंने साइड में फटाक से छलांग लगाई।

फौलादी शरीर वाले शिवा को एक चूहे से डर नहीं लगा था, बल्कि उन्हें डर था कि उनके पैरों तले चूहा ना कुचला जाए।

शिवा को छलांग लगाते देख आंटी जी ने कहा-

“डरो नहीं भाई साहब, बहुत दिनों से कमरा बंद था तो चूहे ज़्यादा हो गए। मैं अभी कमरा साफ करवा देती हूँ। लेकिन...

“क्या हुआ आंटी जी? आप रुक क्यों गईं?” शिवा ने पूछा।

“भाई साहब, आपको कमरा पसंद तो आ गया न? अगर आ गया हो तो किराए की बात कर लेते हैं।”

शिवा और कुछ सोचते, उसके पहले ही आंटी जी ने तुरंत किराए की बात छेड़ दी।

शिवा कमरा देखकर थोड़ा हिचकिचाये, लेकिन फिर उन्होंने किचन की बात छेड़ दी।

“आंटी जी, हमें कमरे के साथ खाना बनाने के लिए एक किचन भी चाहिए था।”

“हाँ भाई साहब, इस कमरे के साथ आपको किचन भी मिलेगा। श्याम इन्हें किचन भी दिखा दे।”

सभी इस कमरे से बाहर आकर किचन देखने जा रहे थे तभी शिवा की नज़र सामने पड़ी। सामने के कमरे से दो बच्चे बाहर निकले, जिनकी पीठ पर कोचिंग का बैग लटका हुआ था। सामने आंटी जी को देखकर उनमें से

एक बोला-

"नमस्ते आंटी जी।"

"राधे राधे ! बच्चो। कैसे हो आप? पढ़ाई ठीक से चल रही है न?"

"हाँ आंटी जी।" उनमें से एक ने मुस्करा कर जवाब दिया।

जाते- जाते उन बच्चों ने शिवा और बलवंत की ओर देखा, और आपस में कुछ फुसफुसा कर वहाँ से कोचिंग क्लास के लिए रवाना हो गए।

उन बच्चों को देखकर शिवा ने आंटी जी से पूछा, "आंटी जी क्या ये बच्चे यहाँ सामने के कमरे में रहते हैं?"

"हाँ, बड़े प्यारे बच्चे हैं।" आंटी जी मुस्करा कर बोलीं।

"आंटी जी, यहाँ ग्राउंड फ्लोर पर और कितने किराएदार रहते हैं? सभी लड़के लोग ही रहते हैं या कोई परिवार के साथ भी है..?"

"ये दो बच्चे सामने वाले कमरे में रहते हैं और बाकी के तीन कमरों में फैमिलीज़ रहती हैं । माएं अपने बच्चों के साथ रहती हैं भाई साहब।"

"अच्छा, और कोई कमरा खाली है? है तो मैं एक बार उन कमरों को भी देखना चाहूंगा।" शिवा ने कहा।

बाप का कलेजा था इसलिए पूरी तरह आश्वस्त होना चाहता था ताकि उसका परिवार सुरक्षित रह सके।

"नहीं भाई साहब, इस ग्राउंड फ्लोर पर तो यह एक ही कमरा खाली था, जो मैं अभी आपको दिखा रही हूँ। बाकी तो फिर आपको मई के बाद ऊपर तीसरी मंज़िल पर मिल जाएंगे। जब बच्चे चले जाएंगे तब देख लेना। फिलहाल यह कमरा आप ले लो, आपका परिवार यहाँ सुरक्षित रहेगा। चिंता की कोई बात नहीं भाई साहब।"

रेसिडेंसी आए हुए काफी वक्त हो चुका था। शिवा ने कलाई पर बंधी गोल्डन रंग की टाइटन घड़ी की ओर देखा, जिसमें लगभग साढ़े सात बज चुके थे।

ओह , काफी टाइम हो चुका। मधु और पूजा चिंतित होंगे। क्या करूं? शिवा मन ही मन में अपने आप से सवाल करने लगे।

तभी बलवंत ने शिवा से इशारे से पूछा- _

"चाचा जी, क्या हुआ, कमरा पसंद नहीं आया?"

"नहीं, ऐसी कोई बात नहीं, मुझे लगता है यही कमरा फाइनल कर लूं,

क्या लगता है?" शिवा ने बलवंत से इशारों में पूछा।

"हाँ डन।" बलवंत ने अंगूठे से इशारा किया।

आंटी जी का इन दोनों के इशारे पर पूरा ध्यान था। आंटी जी ने तुरंत अपनी बात रखी।

"फिर रेंट की बात कर लेते हैं भाई साहब। शुभ कार्य में देरी क्यों! आठ हज़ार किराया लगेगा और लाइट का बिल भी उसी में जोड़ कर दिया जायेगा। आठ हज़ार रुपए एडवांस के अलग देने होंगे। बाकी आपकी मर्ज़ी।" आंटी जी ने साफ-साफ बता दिया था।

शिवा को आठ हज़ार रूपए ज़्यादा ही लग रहे थे क्योंकि शिवा का परिवार मध्यम वर्गीय था। उन्होंने अब तक की ज़िंदगी पुलिस क्वार्टर में बिताई थी। इसलिए कभी भी कहीं किराये पर रहने की नौबत ही नहीं आई थी। यहां हर जगह दस-ग्यारह हजार किराए की बात सुनकर वे चकरा गए थे। बस आंटी जी ही थीं, जिनका आठ हज़ार किराया था।

"आंटी जी, अगर किराया थोड़ा कम कर दें तो अच्छा होता। हम ठहरे मध्यम वर्गीय लोग। हमें यहाँ दो साल रहना है..." शिवा ने तुरंत आंटी जी से किराया कम करने की बात छेड़ दी।

"कम तो नहीं हो पाएगा भाई साहब। मेरे यहाँ हर कोई इतना ही किराया दे रहा है और इतने कम दाम में तुम्हें यहाँ और कोई कमरा नहीं मिलेगा। बाकी आपकी मर्ज़ी। मेरे पास दिन भर में कितने ही लोग किराये पर कमरा पूछने के लिए आते हैं।"

आंटी जी ने तो स्पष्ट रूप से कह दिया था। शिवा को कमरे की अति आवश्यकता थी तो उन्होंने आंटी जी की शर्तें मान लीं। कमरा फाइनल करके तुरंत मधु को फोन किया।

इधर, सोफे पर बैठी पूजा मोबाइल में किसी ऐप पर जेईई का अध्ययन सामग्री ढूंढ़ रही थी। उसके बगल में मधु और सोनाक्षी भाभी एक-दूसरे से गपशप लड़ा रही थीं। दोनों एक- दूसरे के साथ अच्छे से घुल-मिल गई थीं और एक-दूसरे से अपने-अपने राज्य की विशेषताएं साझा कर रही थीं। यहाँ-वहाँ की बातें करते-करते मधु धीरे से अपना ऐन्ड्रोइड फोन खोलकर उसमें झांक रही थी । समय का पहिया वक्त को पीछे छोड़ता हुआ अगली मंजिल ढूंढ़ रहा था।

उसी वक्त मधु के मोबाइल की घंटी बजने लगी। शिवा का कॉल था। मधु ने तुरंत फोन उठाया।

"हैलो शिवा, कमरा मिला?"

"हाँ, एक कमरा फाइनल कर लिया है। तुम लोग जल्दी से सब सामान के साथ तैयार रहना। हम बस दस मिनट में आ रहे हैं।"

"अच्छा ठीक है, जल्दी आना।" मधु ने मुस्कराते हुए जवाब दिया।

पापा का फोन आया तो पूजा अपनी मम्मी की बातें सुनने लगी। कमरा मिल गया सुनकर नए कमरे में जाने के लिए पूजा बहुत उत्साहित हो रही थी।

सोनाक्षी भाभी मधु और पूजा की मुस्कान देखकर बोलीं--

"कमरा मिल गया भाभी जी?"

"हाँ भाभी ,वो अभी शिफ्ट होना चाहते हैं। उन्होंने बोला, मैं दस मिनट में आता हूँ; तुम लोग सामान लेकर तैयार हो जाओ।"

पंजाबी भाभी को बताते वक्त मधु का चेहरा खुशी से खिल गया था। किसी बच्चे को कड़ी मेहनत के फलस्वरूप मनचाहा कॉलेज मिलने पर जैसी खुशी मिलती है, मधु और पूजा की स्थिति बिल्कुल वैसी ही थी।

हा हा हा.....,

"भाभी , आज की रात यहीं रुक जाओ न, कल सुबह चले जाना, इतनी भी क्या जल्दी है।" पंजाबी भाभी मधु से विनती कर रही थीं।

"आपकी बात बिल्कुल सही है भाभी जी, मगर आज शिफ्ट होंगे तो कल की लाइन लग जाएगी। कल सुबह बेटी के कोचिंग में स्टूडेंट और पैरेंट्स के लिए सेशन रखा है, उसे भी अटेंड करना है और कुछ एडमीशन की प्रक्रिया भी बाकी है। इसलिए इतनी जल्दबाज़ी चल रही है। नाराज़ मत होइएगा भाभी जी।" मधु, पंजाबी भाभी को समझाने की कोशिश कर रही थी।

"फिर भी.., रुक जाते तो हमें अच्छा लगता।" पंजाबी भाभी अनुरोध कर रही थीं।

"आप लोग दिल के बहुत अच्छे हैं भाभी जी। आपने वक्त पर हमारी इतनी मदद की, हमारे लिए यह बहुत बड़ी बात है और इस बात के लिए हम आपका तहे दिल से शुक्रिया अदा करना चाहते हैं। आज आप लोग हमारी

मदद नहीं करते तो इस अंजान शहर में हमारा क्या होता? आज आप हमारे लिए किसी फरिश्ते से कम नहीं हैं। आपने हमारे लिए आज जो कुछ भी किया, उसके लिए हम हमेशा आपके ऋणी रहेंगे भाभी जी।" मधु की आंखें नम हो गईं।

"वाहेगुरु आप लोगों की रक्षा करें।" पंजाबी भाभी अपने गुरु को याद करते हुए बोलीं।

तभी बाहर स्कूटी के साथ-साथ ऑटो का भी हॉर्न बजा। मधु को आवाज़ सुनाई दी।

"शायद वे लोग गए।"

सोनाक्षी भाभी ने खिड़की से झांककर देखा, बलवंत और शिवा ऑटो लेकर आ गए थे। फिर उन्होंने तुरंत दरवाज़ा खोला।

बलवंत ने स्कूटी साइड में लगाई और ऑटो ड्राइवर को रुकने के लिए कहा। तुरंत दोनों मकान के अंदर आए।

"नमस्ते भाभीजी, अब हमें चलना होगा।"

"आपके भैया जी का कॉल आया था, कि मेरे दोस्त की फैमिली पहली बार हमारे घर आ रही है। उनकी अच्छे से खातिरदारी करना। अभी तो मैंने कुछ अच्छा सा खिलाया- पिलाया भी नहीं और आप जाने की बात कर रहे हो भाई साहब।"

भाभी जी शिवा और उनकी फैमिली को रुकने के लिए मना रही थीं, पर शिवा को आगे की व्यवस्था करनी थी। शिवा के पास ज़्यादा वक्त नहीं था, उनको सिर्फ चार-पांच दिन की छुट्टी मिली थी। दो दिन सफर में ही गुज़र गए और एक दिन तो बैग खोजने और घर ढूंढ़ने में यूं ही निकल गया था।

"बिटिया और मधु तो अब दो साल यहीं रहेंगी, भाभी जी। अब तो, आपकी उनसे हमेशा मुलाकात होती रहेगी और मैं वादा करता हूँ अगली बार आऊंगा तो आपके हाथों से बना गरमा -गरम पंजाबी व्यंजन पेट भरकर खाऊंगा, लेकिन अब रुकने के लिए ज़ोर मत दीजिए, भाभी जी।" शिवा सोनाक्षी भाभी को उनकी स्थिति समझाने की कोशिश कर रहे थे।

"हाँ, भाभी जी अब हम लोग तो मिलते ही रहेंगे, इस बार नहीं तो अगली बार आ जाएंगे और हाँ बलवंत बेटे को साथ लेकर रूम देखने ज़रूर आना।" मधु ने कहा।

“ठीक है जैसी आपकी इच्छा, वाहेगुरु की कृपा आप पर सदा बनी रहे।”

फिर बलवंत, शिवा और मधु ने एक-एक करके सब सामान ऑटो में रखा। सब सामान ऑटो में रखने के बाद पाटिल परिवार ने पंजाबी भाभीजी से विदाई ली।

पूजा, पंजाबी भाभी के पैर छूने के लिए नीचे झुकी और पैरों को स्पर्श करने ही वाली थी, तभी पंजाबी भाभी ने पूजा को रोक लिया।

“अरे तू तो मेरी छोटी सी प्यारी गुड़िया रानी जैसी है और हम लोग गुड़िया रानी को अपने पांव कभी छूने नहीं देते।”

पंजाबी भाभी की इस बात से पूजा बहुत प्रभावित हुई।

“आंटी जी आप दिल के कितने अच्छे हो।”

“गुड़िया, हमारे अच्छे-बुरे कर्म की पर्ची ऊपर वाले के हाथ में होती है। हमें तो बस अच्छे कार्य करते रहने चाहिए।”

“बिल्कुल सही कहा भाभी जी आपने।” शिवा को सोनाक्षी भाभी की बात सौ टका सही लगी।

“हाँ आंटी जी, बिल्कुल सही।” पूजा भी इस बात से सहमत थी।

सभी सामान ऑटो में रखने के बाद, ऑटो में बाकी खाली जगह बची थी वहाँ मधु, पूजा को लेकर बैठी और शिवा आगे की सीट पर ऑटो ड्राइवर के पास बैठ गए। फिर वे लोग पंजाबी भाभी और बलवंत को अलविदा करते हुए वहाँ से नए कमरे में शिफ्ट होने के लिए निकल पड़े।

“भाई साहब आपको यहाँ कोटा में जगह-जगह ऑटो मिल जाएंगे। हम ऑटो वाले लोग आप जैसे पैरेंट्स और स्टूडेंट की सेवा में हर घड़ी तैयार रहते हैं। अगर आपको आधी रात में भी कोई ज़रूरी काम आ जाए तो हमारी सेवाएं चौबीस घंटे उपलब्ध रहती हैं। आधी रात को किसी को स्टेशन से लाना हो या किसी बच्चे को वक्त पर एग्ज़ाम सेंटर पहुंचाना हो, हम हर घड़ी तैयार रहते हैं। चिंता करने की कोई बात नहीं भाई साहब।” ऑटो ड्राइवर ड्राइविंग करते समय शिवा से बात करता जा रहा था।

“मम्मी देखो यहाँ हर एरिया में कोचिंग सेंटर नज़र आ रहे हैं।” पूजा ऑटो में बैठी हुई कोटा शहर की खूबियां देख रही थी।

“हाँ बेटा, हर साल यहाँ डेढ़ से दो लाख बच्चों के एडमीशन होते हैं।”

"मम्मी , सचमुच कोटा में कुछ खास बात तो है। जब अच्छी शिक्षा पाने की बात आती है तो बच्चे यहाँ दौड़े चले आते हैं।"

"हाँ, बेटा बिल्कुल तेरी तरह । तू भी तो दौड़ी चली आई।"

"सही कहा मम्मी । हमें ऊंची उड़ान भरनी है तो ऊंचे सपने जरूर देखने होंगे।"

"लेकिन हर किसी का अनुभव एक जैसा नहीं होता बिटिया। कई परिंदे ऐसे होते हैं, जो हौसले से ऊंची उड़ान भरते हैं और डगमगाते हुए रास्ते में आने वाले हर तूफान को चीरकर आगे निकल जाते हैं और मेहनत से अपने लक्ष्य को प्राप्त कर लेते हैं। परिस्थिति को संभालने का गुण आना चाहिए। इसीलिए धैर्य बहुत ज़रूरी है बिटिया...

"अपने चुने हुए मार्ग पर वही टिक सकता है, जिसके पास हौसले के साथ धैर्य है। लक्ष्य को प्राप्त करने के लिए ये चीज़ें बहुत ज़रूरी हैं, बेटा। तू समझ रही है न मेरी बात को?" मधु पूजा को समझाने लगी थी।

"और एक बात ध्यान में रखना, यहाँ तुम्हें हर कदम पर प्रतिस्पर्धा मिलेगी, मगर तुम्हें डट कर सामना करना होगा बिटिया, तब ही इस रेस में दौड़ पाओगी। कुछ बड़ा पाना चाहती हो तो संघर्ष भी उतना ही बड़ा होगा।"

"हाँ, मम्मी, मैं सामना करने के लिए तैयार हूँ। कोई भी क्षेत्र हो मम्मी, अच्छी-बुरी परिस्थितियों का सामना तो करना ही पड़ता है। हमें सिर्फ हिम्मत नहीं हारनी है।" पूजा बहुत सकारात्मक तरीके से सोच रही थी।

जल्दबाज़ी में लिया हुआ फैसला
मुश्किलें खड़ी कर देता है

सकारात्मक सोच के साथ वे कब मंजिल तक पहुंच गए, पता ही नहीं चला। अचानक ऑटो एक रेसिडेंसी के सामने आकर रुका। पूजा रेसिडेंसी को नीचे से ऊपर तक बारीकी से देख रही थी।

"पापा हम यहाँ रहेंगे?"

"क्यों बेटा, पसंद नहीं आया?"

"नहीं पापा वैसी कोई बात नहीं बस ऐसे ही पूछ रही थी।" पूजा ने मुस्कराकर जवाब दिया।

इधर मधु ऑटो से सामान निकालने में लगी थी तभी शिवा ने मधु के हाथ से सामान ले लिया।

"रहने दो मधु मैं उठा लेता हूँ। वैसे भी इसके आगे दो साल पूरा भार तुम्हें ही तो उठाना पड़ेगा।"

मधु को शिवा का कहना समझ में आ गया था।

"हाँ, क्यों नहीं उठाऊंगी, आखिर पुलिसकर्मी की बीवी हूँ। मेरे पति देव हर क्षण समाज की रक्षा करते हैं। 'सद्ररक्षणाय खलनिग्रहणाय' का आदर करते हुए ड्यूटी पर सदैव तैनात रहते हैं। आप अपना कर्तव्य इतने अच्छे से निभाते हैं तो मैं क्यों नहीं!"

"सही कहा मधु तूने। मुझे मेरे परिवार पर बहुत गर्व महसूस होता है।"

शिवा अपने परिवार पर गर्व महसूस कर रहे थे तभी उनके मोबाइल की रिंग बजी। शिवा ने जेब में से मोबाइल निकालकर देखा किसका कॉल आया है? तो राज का कॉल था।

"बोलो बेटा कैसे हो? कोई परेशानी तो नहीं है न?"

"नहीं पापा कोई परेशानी नहीं और मैं बिल्कुल ठीक हूँ, डोन्ट वरी

पापा। आप लोग कैसे हो? रूम मिला कि नहीं? यही पूछने के लिए कॉल किया था।"

"हाँ बेटा, रूम मिल गया और हम सब ठीक हैं, तुम यहाँ की चिंता मत करना बस अपनी पढ़ाई पर फोकस जारी रखना और स्वास्थ्य भी ज़रूरी है, ठीक है।"

"ठीक है पापा, अपना ख्याल रखना और मम्मी को भी बोल देना। रखता हूँ बाय टेक केयर पापा।"

"लव यू बेटा, बाय।" इतना कहकर शिवा ने फोन काट दिया।

"मधु तुम ऑटो ड्राइवर को उसका पेमेंट कर दो, तब तक मैं सामान अंदर लेकर जाता हूँ।" शिवा मोबाइल जेब में रखकर ऑटो में से सामान निकालते हुए बोले।

सामान उतारने के बाद ऑटो वहां से चला गया। शिवा, दोनों माँ-बेटी को लेकर रेसिडेंसी के अंदर आए। बाहर मेन गेट था। उसके अंदर घुसने के बाद अंदर और एक जाली का गेट था, उस गेट को पार करके अंदर बाईं ओर एक दरवाज़ा दिखा। शिवा ने वह दरवाज़ा खोला। वहाँ पूरा अंधेरा दिखाई दे रहा था। दरवाज़े के साइड में एक इलेक्ट्रिक बोर्ड था, जो शिवा ने पहले देखा हुआ था। शिवा बोर्ड के पास गए और स्विच ऑन किया। कमरे में रोशनी फैलने के बाद मधु ने वहाँ देखा, वह जहाँ खड़ी थी, वह एक बड़ा सा हॉल था और उसके चारों ओर कमरे थे, किसी पर ताला लगा था तो कोई अंदर से बंद दिखाई दे रहा था, शायद कोई अंदर होगा।

पूजा भी हॉल के अंदर का नज़ारा देख रही थी। उसे थोड़ी देर के लिए थोड़ा अजीब लगा लेकिन पापा ने पसंद किया है तो अच्छा ही होगा। उसने अपने आप में विचार कर लिया और आगे बढ़ी।

शिवा ने रूम के पास आकर रूम का दरवाज़ा खोला। फिर रूम की बत्ती जलाई। अंदर आंटी जी के लोगों ने पूरा कमरा साफ-सुथरा करके रखा था। बिल्कुल नया कोरा लग रहा था। शिवा ने एक कोने में बैग रखे। मधु और पूजा ने भी बाकी का सामान रखा। दोनों माँ-बेटी कमरे को अच्छे से देखने लगीं। कमरा बहुत अच्छा लग रहा था लेकिन पता नहीं क्यों कमरे में थोड़ा जी घबरा रहा था। वेंटिलेशन की कमी लग रही थी क्योंकि कमरा बहुत अंदर था। उन लोगों ने सामान डालने के बाद सुकून की सांस ली।

शिवा दिन भर की भागा-दौड़ी से काफी थक़ चुके थे। लेकिन कुछ ज़िम्मेदारियां अभी भी शेष थीं। वे मधु और पूजा को किचन की तरफ लेकर गए। किचन में जाने के लिए पहले हॉल में से गुजरना पड़ता था, क्योंकि हॉल सभी कमरों के बीचों-बीच था। तीनों किचन में पहुंचे। किचन, कोटा फर्श शैली से बनाया हुआ था। किचन के बेसिन के ऊपर एक वाटर फिल्टर फिट किया हुआ था। वाटर फिल्टर देखकर मधु का चेहरा खिल गया, वह मन ही मन सोचने लगी -

"चलो इतना तो अच्छा है कि पीने का पानी का कोई टेंशन नहीं।"

फिर मधु का ध्यान किचन के एक कोने पर गया, जहाँ अलमारी रखी हुई थी। मधु उस अलमारी के पास गई। उसने अलमारी का दरवाज़ा खोला। दरवाज़ा खुलते ही अंदर काफी सारे कॉकरोच दिखाई दिए। ऐसा लग रहा था, काफी वक्त से उसे इस्तेमाल नहीं किया गया है। मधु ने तुरंत अलमारी का दरवाज़ा बंद कर दिया।

"सामान लगाने से पहले किचन की अच्छे से साफ-सफाई करनी पड़ेगी, नहीं तो बीमार पड़ जाएंगे। आखिर मेरी बेटी की पढ़ाई का सवाल है। वह बीमार पड़ गई तो।"

"क्या हुआ मधु, क्या सोच रही हो?" शिवा गैस सिलेंडर फिट करते हुए बोले।

"कुछ नहीं पहले साफ-सफाई कर लेती हूँ, बाद में सामान लगवा दूंगी। आप काफी थक चुके होंगे सिलेंडर को गैस का कनेक्शन जोड़कर थोड़ी देर रेस्ट कर लीजिए। तब तक मैं यहाँ का काम निपटा लेती हूँ।"

"मधु तुम्हें किचन पसंद तो आया न?" शिवा को मधु की मर्ज़ी जाननी थी।

"हाँ जी बिल्कुल, बहुत अच्छा है। हमें कोई यहाँ जिंदगी थोड़ी बितानी है। दो साल रहना है और बेटी के सफल होने के बाद यहाँ से टिकट कटवाना है।" मधु मुस्कराते हुए बोली।

मधु को किचन अच्छा लगा था। कहने को तो अलग था मगर प्राइवेसी जैसी कोई बात नहीं थी। किचन को हॉल से जोड़ कर जाली की दीवार बनाई गई थी। जो कोई हॉल में आता –जाता या बैठता उसे, मधु किचन में क्या करेगी, सब दिखाई देने वाला था। फिर भी मधु संतुष्ट थी। वह पर्दा

लगाने वाली थी। मधु, बेटी के लिए सुरक्षा चाहती थी।

शिवा आराम करने के लिए दूसरे कमरे में चले गए और मधु किचन की साफ-सफाई करने लगी। तभी एक औरत ने बिना दरवाज़ा खटखटाए, न आवाज़ लगाए एकदम से किचन के अंदर प्रवेश किया और मधु के सामने आकर खड़ी हुई। उसने अपनी बड़ी-बड़ी आंखों से मधु की तरफ देखा। उसके हाथ में पानी का खाली घड़ा भी था। वह बिना कुछ बोले वाटर फिल्टर से घड़े में पानी भरने लगी। उसे देखकर मधु एक पल के लिए भयभीत हो गई थी। फिर मधु तुरंत संभली और ध्यान में आया शायद इनके कमरे में वाटर फिल्टर नहीं लगा होगा।

फिर मधु ने खुद से उस औरत से बातचीत करना चाहा।

"नमस्ते भाभी जी, आप यहाँ रहती हो?"

"हाँ, सामने के कमरे में। अपने बबुआ को पढ़ाने के वास्ते आई हूँ।"

"अच्छा, आपके रूम में पीने के पानी का वाटर फिल्टर नहीं लगा है भाभी?"

"नहीं, हम यहां से ही पानी भरते हैं। शायद आप आज ही यहाँ रहने आए हो?"

"हाँ, अभी थोड़ी देर पहले यहाँ सामान शिफ्ट किया।" मधु ने मुस्कराकर जवाब दिया।

"अच्छा है। कहाँ से हो भाभी?"

"महाराष्ट्र से हूँ और आप?"

"हम बिहार से हैं।"

बातचीत करते-करते इधर बिहारी भाभी का पानी का घड़ा भी भर चुका था, फिर बिहारी भाभी, मधु के किचन से अपने कमरे की ओर चली गईं।

भाभी के जाने के बाद मधु सोचने लगी कि, आंटी जी ने वाटर फिल्टर ऐसे किचन के अंदर क्यों लगाया होगा, वह भी स्टोर रूम जैसे इस रूम में। सचमुच पहले कोई रहता था या हम से झूठ बोला गया। वाटर फिल्टर सबके लिए एक साथ ही लगवाना था तो बाहर हॉल में भी तो लगवा सकते थे। यह मुझे अच्छा नहीं लगा। हमें इस बारे में आंटी जी से बात करनी पड़ेगी।

थोड़ी देर बाद पूजा किचन में आई और हाथ में झाड़ू लेकर किचन की सफाई करने लगी।

"मम्मी मैं आपकी हेल्प कर देती हूँ। आप कब तक करते रहोगे।"

पूजा को किचन में देखकर मधु ज़ोर से पूजा पर खिसयाई।

"लाओ इधर झाड़ू, बड़ी आई सफाई करने वाली। अपनी पढ़ाई पर ध्यान दो, सफाई मैं कर लूंगी।"

मधु ने पूजा के हाथों से झाड़ू ले लिया और उसे किचन से जाने के लिए बोला। तभी मधु का ध्यान पूजा के कपड़ों की ओर गया।

"अरे यह क्या, तुमने तो कपड़े भी गंदे कर डाले। जाओ पहले बाथरूम में जाकर कपड़े बदल लो और जब तक मैं पूरी सफाई नहीं कर लेती तब तक किचन में मत आना।"

"अच्छा मम्मी, आपका हुक्म सर आंखों पर।"

इतना बोलकर पूजा बाथरूम की ओर चली गई। पूजा जब बाथरूम के सामने आई तो थोड़ा कन्फ्यूज़ हो गई, उसे समझ में ही नहीं आ रहा था कि, कौन सा बाथरूम अपना है और इस्तेमाल करना है। उसने पूछा नहीं और अंदाज़ा लगाया कि, स्टडी रूम के पास वाला बाथरूम अपना ही होगा, पापा ने बताया भी था। यह सोचकर वह दरवाज़ा खोलने लगी लेकिन बाथरूम का दरवाज़ा अंदर से बंद था, यह देखकर पूजा डर गई और दौड़कर वापस मम्मी के पास चली आई।

मधु ने पूजा को वापस किचन में देखा, फिर मधु गुस्सा हो गई।

"अरे तुम फिर वापस आ गई? मेरी किचन की सफाई पूरी होने तक इधर मत आना, ऐसा कहा था ना, यह लड़की समझती ही नहीं। बीमार पड़ गई तो।"

पूजा का ध्यान मम्मी की बातों की तरफ नहीं था क्योंकि बाथरूम अंदर से बंद देखकर पूजा डरी हुई थी। फिर मधु गुस्सा हो गई।

"पूजा, मैं तुमसे कुछ बात कर रही हूँ। तुम्हारा ध्यान किधर है?"

"मम्मी मम्मी, वहाँ बाथरूम में कोई है। आप चलो न मेरे साथ।" पूजा डर के मारे कांप रही थी।

"पूजा बेटा, आप किसी गलत बाथरूम के पास चली गई होगी।"

"नहीं मम्मी, मैंने राइट बाथरूम को ही खोलने की कोशिश की लेकिन अंदर कोई था और बाथरूम अंदर से बंद था।"

"ओह, चलो देखते हैं।"

मधु ने हाथ का काम छोड़कर पूजा के साथ बाथरूम के पास आई और पूजा से पूछा-

"बेटा कौन से बाथरूम की बात कर रहे थी तुम?"

"मम्मी यही राइट साइड का, हमारे स्टडी रूम के पास वाला।" पूजा ने हाथों से इशारा करके बताया।

"हैलो, कोई है क्या अंदर?"

मधु ने जब दरवाज़े पर दस्तक दी तब एक अनजान आदमी बाथरूम से बाहर निकाला। माँ-बेटी उसे देखकर काफी डर गई थीं। मधु उस आदमी से कुछ सवाल पूछती, उससे पहले वह आदमी मधु की ओर देखकर बोला-

"जी मैं यहां की मालकिन आंटी जी का भाई हूँ। यहाँ कुछ दिनों के लिए आया हूँ और सामने के कमरे में रहता हूँ, वैसे..यहाँ दो ही बाथरूम हैं, भाभी जी।"

उस अनजान आदमी की बातें सुनकर पूजा और मधु एक-दूसरे की ओर आश्चर्य से देखने लगीं, लेकिन इस आश्चर्य के पीछे चिंता भी झलक रही थी।

इन दोनों माँ-बेटी के चेहरे का रंग उड़ता हुआ देख वह अनजान आदमी बोला-

"चिंता मत करो भाभी जी, ऊपर भी बाथरूम है कल से मैं वहाँ चला जाया करूंगा।"

इसके बाद वह आदमी पूजा के स्टडी रूम के पास की दीवार पर लगे बेसिन में हाथ धोने लगा और हाथ धोते-धोते बेसिन के ऊपर लगे हुए आईने में झांक कर वह इन दोनों माँ-बेटी को बेशर्मों की तरह घूर रहा था। फिर वह आदमी वहाँ से सामने वाले कमरे में चला गया। वैसे सामने तीन-चार कमरे थे तो शायद वहाँ एक कमरा उसका होगा। मधु ने अंदाज़ा लगाया।

"मम्मी अभी से ऐसी शुरुआत है तो आगे क्या होगा? पापा को कोई अच्छा कमरा नहीं मिला क्या?"

पूजा को बहुत गुस्सा आ रहा था। मगर वह गुस्सा कंट्रोल करके बोल रही थी।

पूजा बचपन से ही गर्ल्स हॉस्टल में पली-बढ़ी थी। बाहर की दुनिया से वह इतनी वाकिफ नहीं थी। नवोदय स्कूल एक ऐसा कैंपस है, जिसमें लड़के और लड़कियों के अलग-अलग हॉस्टल होते थे और हर छात्र एक-दूसरे के

साथ या किसी अन्य जनों के साथ अनुशासित व्यवहार करता था। पूजा को अभी अपनी मम्मी के साथ रहकर पढ़ाई के साथ-साथ दुनियादारी भी समझनी थी।

"अरे डोन्ट वरी पूजा, हो सकता है यहाँ सबके लिए कंबाइन एक ही बेसिन होगा। अभी तुम अंदर जाकर फ्रेश हो जाओ तब तक मैं यहीं बाहर खड़ी रहती हूँ हां।"

पूजा बाथरूम के अन्दर गई और दो ही सेकंड में वापस आ गई।

"अरे ये क्या? तुम फ्रेश होने गई थी न? फिर बिना फ्रेश हुए ऐसे ही वापस आ गई?" मधु, पूजा की ओर आश्चर्य से देखकर बोली।

"मम्मी, आप खुद ही अंदर जाकर देखो।" पूजा गुस्सा कंट्रोल करते हुए बोली।

तभी मधु ने बाथरूम के अंदर झांककर देखा, वह अंदर से बहुत गंदा था और एक कोने में किसी जेंट्स का गीला अंडरवियर भी पड़ा था। तभी मधु का ध्यान ऊपर एक कपबोर्ड पर पड़ा, जिसमें किसी जेंट्स की शेविंग मशीन, शैंपू की बोतल और ब्रश रखा हुआ था। मधु को यह सब नज़ारा देखकर ऐसा लग रहा था जैसे यह बाथरूम पहले से ही कुछ लोग इस्तेमाल कर रहे होंगे।

मधु बाथरूम से बाहर निकली और पूजा को लेकर स्टडी रूम में चली आई। स्टडी रूम में आने के बाद मधु, शिवा को कुछ बताती लेकिन, मधु ने देखा कि शिवा एक बेड पर आराम कर रहे थे, मधु ने जगाना सही नहीं समझा।

"बेटा, इस बारे में पापा से बाद में बात करूंगी, अभी उन्हें नींद से जगाना ठीक नहीं।"

इतना कहकर मधु किचन में चली गई। सफाई करके किचन में पूरा सामान सेट करने के बाद, उसने गैस पर मसालेदार फोड़णी की खिचड़ी का कुकर चढ़ाया, जो महाराष्ट्र के प्रसिद्ध व्यंजनों में से एक था।

दस मिनट बाद जब खिचड़ी के कुकर की सींटियां बजने लगीं तब मधु की खिचड़ी की मसालेदार सुगंध पूरे रेसिडेंसी में फैल गई। सामने के कमरे से किसी आदमी की धीमी सी आवाज़ कानों पर पड़ी-

"ये भाभी कितना टेस्टी खाना बनाती हैं। यहाँ तक खुशबू आ रही है।"

मधु को फिर से एक आवाज़ सुनाई दी। आवाज़ किसी लेडीज़ की थी।

"खाना बन गया भाभी ? क्या बनाया आज खाने में?"

जैसे ही मधु के कानों में आवाज़ आई, मधु इधर-उधर देखने लगी। आवाज़ तो आई मगर आसपास कोई भी दिखाई नहीं दे रहा था।

"कौन?" मधु ने कौतूहल से पूछा।

"भाभी जी ऊपर, मैं हूँ रीमा। किचन के छत पर लगी जाली की खिड़की से बात कर रही हूँ।"

ऊपर की वेन्टिलेशन खिड़की के अन्दर से झांक कर कोई लेडी बात कर रही थी।

मधु ने तुरंत ऊपर देखा। उसे एक पतली सी तीस -पैंतीस साल की सुन्दर युवा महिला नज़र आई। उसे देखकर मधु ने मुस्कराकर जवाब दिया,

"हाँ भाभी जी, खाना बन गया।"

"खुशबू तो बहुत बढ़िया आ रही, क्या स्पेशल खाना बनाया है, आज खाने में?"

"काफी थक चुके थे तो खिचड़ी बना डाली।" मधु ने जवाब दिया।

"एक दिन हमें भी आपके हाथों का टेस्टी खाना खिलाना भाभी, हम भी महाराष्ट्र के व्यंजन का स्वाद चखना चाहते हैं।" रीमा बोली।

"ज़रूर भाभी, आइएगा एक दिन गरमा गरम खाना खिलाऊंगी लेकिन मुझे एक बात बताओ आपको कैसे पता कि मैं महाराष्ट्र से हूँ?" मधु ने आश्चर्य से पूछा।

"अरे, पहले तो आप भाभी बोलना बंद करिए, मुझे दीदी बोला करिए। मैं अभी थोड़ी देर पहले ओनर आंटी जी से मिली तब उन्होंने बताया। मैं भी उनके यहाँ किराए पर रहती हूँ और अभी यहाँ कपड़े सुखाने के लिए डाले थे तो वही उठाने आई थी। नीचे आप दिख गए तो लगा बात कर लूं। आपसे बात करके बड़ा अच्छा लगा भाभी। कभी भी कोई मदद की ज़रूरत पड़े तो बेहिचक बताइएगा, मैं मदद कर दूंगी। अच्छा चलो ठीक है मिलते हैं बाद में।" रीमा बातें करके वहाँ से चली गई।

रीमा के जाने के बाद मधु कितनी देर तक ऊपर ही देखती रही। वह सोचने लगी कि यहां सेफ्टी नाम की कोई चीज़ नहीं है, लेकिन चलो कोई बात नहीं, यह बात तो अच्छी है कि कम से कम इस अंजान शहर में हमें

अकेला महसूस नहीं होगा। यहां के लोग बड़े प्यारे लग रहे हैं। खुद ही बातें करते हैं। आगे-पीछे कोई न कोई आवाज देता ही रहता है।

मधु ये बातें सोचकर अपने आप मुस्कराई और खिचड़ी का कुकर लेकर स्टडी रूम में चली गई।

मधु की सबसे बड़ी यह खासियत थी कि अभी तक उसके साथ जो भी घटित हो रहा था वह हर बात को पॉजिटिवली ले रही थी। थोड़ी- बहुत शंका आ गई तो उसे पॉजिटिव सोच में बदल देती थी। उसे पता था कि, खुशहाल ज़िंदगी क्या होती है!

"खुशहाल ज़िंदगी जीने के लिए पॉजिटिव सोच होना सबसे ज़रूरी है।" ऐसा मधु का मानना था।

स्टडी रूम में आने के बाद मधु पूजा से बोली, "पूजा खाना बन गया है, अपने पापा को नींद से जगा दो।"

"पापा उठो रात के नौ बज चुके।" पूजा घड़ी में टाइम देखकर अपने पापा को जगाने लगी।

शिवा ने अपनी आंखें मलते हुए धीरे से आंखें खोलीं और पूजा की तरफ देखकर एक प्यारी सी स्माइल दी।

मधु ने भी हल्की सी स्माइल दी और बोली-

"आप तो घोड़े बेच के सो गए थे जी। तो हमने आपको जगाना सही नहीं समझा।"

"हाँ, थकावट महसूस हो रही थी।" शिवा ने जवाब दिया।

"पापा, कल सेशन है।" पूजा माहेश्वरी प्लस का मैसेज देखकर बोली।

"सेशन का टाइम क्या दिया है बेटा?" शिवा ने पूछा।

"कल मॉर्निंग नौ बजे से लेकर बाहर बजे तक का।" पूजा ने कहा।

"अच्छा ठीक है। लेकिन हम पहले माहेश्वरी प्लस कैरियर इंस्टीट्यूट देखेंगे फिर वहाँ से इंस्टीट्यूट का यूनिफॉर्म और कुछ बुक्स वगैरह लेंगे, फिर वहाँ से सेशन के लिए निकलेंगे।" शिवा ने कहा।

"ठीक है पापा, आए एम सो एक्साइटेड फॉर वॉचिंग माहेश्वरी प्लस करियर इंस्टीट्यूट।" पूजा खुश होकर बोली।

पूजा कोचिंग क्लास ज्वाइन करने के लिए बहुत उत्सुक थी। अब उसकी बरसों की मेहनत रंग लाने वाली थी, क्योंकि उसके अपार संघर्ष ने

ही उसे इस मुकाम तक पहुंचाया था। उस दिन के आंसू उसे आज भी याद आते थे। चलो खैर...इस बारे में हम आगे ज़रूर बात करेंगे।

“मम्मी, नवोदय स्कूल में हमारा जो यूनिफॉर्म रहता था ना, सेम वैसा ही यहाँ के कोचिंग इंस्टीट्यूट के छात्रों का यूनिफार्म है। टी-शर्ट पैंट बिल्कुल सेम टू सेम सिर्फ कलर अलग है। वैसे क्या फर्क पड़ता है, समाज में हमें सस्ते-महंगे कपड़ों से नहीं आंका जाता है, ज्ञान से पहचाना जाता है मम्मी। स्किल इज पॉवर।” पूजा ने अपनी सोच जताई।

“बिल्कुल सही कहा बिटिया ने। बच्चों के बड़े होने के बाद दुनिया वाले, माँ-बाप से यह सवाल नहीं करते कि, आपके पास कितनी प्रॉपर्टी है? बल्कि हर कोई यही पूछेगा कि, ‘तुम्हारा बेटा क्या करता है? तुम्हारी बिटिया क्या करती है? वे तुम्हारा अच्छे से ख्याल रखते हैं या नहीं?’ तब दुनिया के पास ऐसे हज़ारों सवाल होंगे। इसलिए अपडेट रहना बहुत ज़रूरी है लेकिन उसके साथ बच्चों को बचपन से ही अच्छी शिक्षा और संस्कार मिल जाएं तो भविष्य में फीडबैक अच्छा ही मिलता है। माँ-बाप की असली प्रॉपर्टी उनके बच्चे ही तो होते हैं, मधु।”

“हाँ जी, सही कहा आपने। हमारे पास करोड़ों की प्रॉपर्टी होती और हमारे बच्चों के अच्छे संस्कार नहीं होते तो हम उस प्रॉपर्टी से कभी खुश नहीं हो पाते।” मधु ने शिवा की बातों पर सहमति जताते हुए कहा।

“मम्मी यह यूनिफॉर्म वाली बात भी एक तरह से सही है, अगर स्कूल, कॉलेज में यूनिफॉर्म अनिवार्य नहीं करते तो अनुशासन जैसी बात नहीं रहती।”

“शिक्षा की यह यूनिफॉर्म वाली बात भी मुझे काफी अच्छी लगती है। अब तो प्राइवेट कोचिंग सेंटर में भी यूनिफॉर्म होना अनिवार्य हो गया है। यह बड़ी अच्छी बात है, न कोई अमीर न गरीब, न हल्का न भारी, हर एक छात्र एक ही जैसी यूनिफॉर्म में एक समान दिखाई देते हैं। इसमें सर्वधर्म समभाव और हमारे देश की एकता झलकती है।” मधु ने गर्व का अनुभव करते हुए कहा।

“मधु सही कहा तूने। बच्चों को घर-परिवार से अच्छे संस्कार तो ज़रूर मिलते हैं मगर बचपन से लेकर युवा अवस्था तक स्कूल और कॉलेज से भी बच्चे बहुत कुछ सीख कर जाते हैं, जिस पर हमारे देश का उज्ज्वल भविष्य

निर्भर होता है।" शिवा ने कहा।

शिक्षा, यूनिफॉर्म और संस्कार के टॉपिक के ऊपर इन लोगों की बातें काफी रंग लाई थीं तभी अचानक बाहर से किसी ने दरवाज़े पर दस्तक दी और बाहर से आवाज़ आई, "अरे भाई दरवाज़ा खोलो।" आवाज़ किसी महिला की थी।

शिवा को यह आवाज़ जानी-पहचानी सी लगी। आवाज़ किसी और की नहीं, बल्कि ओनर आंटी की ही थी।

शिवा ने उठकर तुरंत दरवाज़ा खोला। देखा तो ओनर आंटी जी दरवाज़े के बाहर खड़ी थीं।

"राधे ! राधे ! भाई सा, कैसे हो सब लोग? मज़े में न?"

"अरे, आइए आइए आंटी जी प्रणाम।"

शिवा ने प्रणाम करते हुए आंटी जी को स्टडी रूम के अंदर बुलाया।

आंटी जी कमरे के अंदर आकर खड़ी हुईं तभी शिवा ने पूजा को इशारा करके कुर्सी आंटी जी के सामने रखने के लिए कहा।

मधु को कुछ समझ में नहीं आ रहा था कि यह औरत कौन है और शिवा इस औरत को कैसे जानते हैं? मधु तो सिर्फ आश्चर्य से शिवा और आंटी की तरफ देख रही थी।

शिवा ने मधु को कहा, "मधु यह हमारी ओनर आंटी जी हैं। इस आलीशान रेसिडेंसी की मालकिन।"

यह बात सुनकर मधु की दिमाग की ट्यूबलाइट चमकी और मन ही मन में खुद से बड़बड़ाई -

"ओह, मैंने इन्हें पहचाना नहीं।"

मधु तुरंत परिस्थिति संभालते हुए आंटी जी के पैरों पर झुकते हुए बोली, "नमस्ते आंटी जी।"

"राधे ! राधे ! अरे, रहने दो-रहने दो..हमारे पांव मत छुओ। हम किसी को अपने पांव नहीं छूने देते।" ओनर आंटी ने मधु को पांव छूने से रोक दिया।

आंटी जी बात ही कर रही थी कि पूजा हाथ में पानी का गिलास पकड़े आंटी जी के सामने आकर खड़ी हुई और बोली-

"आंटी जी पानी।"

"खुश रहो बिटिया और बता तेरी पढ़ाई कैसी चल रही है?" आंटी जी ने

पानी का गिलास हाथ में लेते हुए बोला।

"आंटी जी, अभी कल से क्लास स्टार्ट होगी।" पूजा ने मुस्कराकर जवाब दिया।

"अच्छे से पढ़ाई करना बिटिया और यहाँ से अच्छे रैंक लेकर जाना। हमारे यहाँ आज तक जितने भी बच्चे रहे, वे सब अच्छे से अच्छे रैंक लेकर गए हैं। आज भी मुझे उन लोगों के कॉल आते हैं।"

"आप लोग बात करो तब तक मैं चाय चढ़ा कर आती हूँ।"

यह बोलकर मधु किचन की ओर जाने लगी। तभी ओनर आंटी ने पीछे से मधु का हाथ कसके पकड़ लिया, पकड़ते ही मधु के पैरों तले ज़मीन खिसक गई थी। उसने भयभीत होकर तुरंत अपनी आंखें बंद कर लीं।

"यह क्या हो रहा है? इन्होंने ऐसे मेरा हाथ ऐसे कसकर क्यों पकड़ा? आज तक ऐसा मेरे साथ कभी नहीं हुआ।"

मधु सोच ही रही थी, तभी ओनर आंटी ने यह कहकर मधु का हाथ छोड़ा कि, "अरे इतनी रात गए मैं चाय नहीं पीती। हेल्थ प्रोब्लम की वजह से मैंने कई वर्षों से चाय पीने की आदत छोड़ दी है।"

"ओह, सॉरी आंटी जी मुझे पता नहीं था।" मधु खेद व्यक्त करते हुए बोली।

"अरे इसमें सॉरी क्या? कोई बात नहीं, चलता है। वैसे आप महाराष्ट्र के लोग दिल के बहुत अच्छे होते हैं।" आंटी जी सब की तरफ देखकर मुस्कराकर बोलीं।

"वैसे आप लोगों को यहाँ कोई तकलीफ तो नहीं हुई? सामान-वमान ठीक से लगवा लिया न?"

आंटी जी ने जब तकलीफ की बात की, तो इस बात को लेकर मधु कुछ शंकाएं जताते हुए अपना पॉइंट रखने ही जा रही थी, कि "आंटी जी वेंटीलेशन का प्रोब्लम..."

लेकिन मधु आगे कुछ बोल पाती तभी मधु की बात को काटते हुए शिवा ने मधु को रोक लिया, आंटी जी को यह कहकर कि, "अरे नहीं-नहीं आंटी जी, वैसी कोई परेशानी नहीं, आपका कमरा तो बहुत बढ़िया है, हमें बहुत पसंद आया।" अभी उनके पास कोई चारा नहीं था, दिन ढल चुका था इसलिए अभी के लिए कहीं तो सेटल होना ज़रूरी था। शिवा को लगा, रूम

चेंज करना है या नहीं, यह बाद में देखेंगे।

"हमारे कमरे, सभी किरायेदारों को पसंद आते हैं, भाई साहब। आपको यहाँ किसी चीज़ की कोई तकलीफ नहीं होगी, यहाँ सारी सुविधाएं उपलब्ध हैं। बस अपना ही घर समझ के रहिएगा।" आंटी जी ने इन लोगों को भरोसा देते हुए कहा।

आंटी जी बोलती जा रही थीं और एक हाथ से माथे का पसीना भी पोंछ रही थीं। बीच-बीच में साइड में लगे कूलर की तरफ देख रही थीं।

इस कमरे में वेंटिलेशन की कमी है, यह बात आंटी जी को अच्छी तरह से पता थी लेकिन इस बात पर पर्दा डाल रही थीं। इस बात को मधु जान गई थी। आखिर बेटी का सवाल था, मधु अपनी बेटी को किसी भी हाल में सुरक्षित रखना चाहती थी। लेकिन मधु अभी कुछ नहीं बोल पा रही थी, सिर्फ आंटी जी की बात ही सुन रही थी।

"देखो मैं जिस काम के लिए आई थी, आप लोगों को वही बात बताना भूल गई। ये सामने के कमरे में मेरा मुंह बोला भाई रहता है, वह कुछ दिनों के लिए ही आया है, फिर वापस चला जाएगा। उसने मुझे वो बाथरूम वाली बात बताई।"

"हाँ, आंटी जी। मैं आपसे इसी बारे में बात करने वाली थी।" मधु ने तुरंत आंटी जी के शब्दों को कैच करते हुए लाइन में पिरो दिया।

"एक बात जान लो भाई सा, मेरे यहाँ मेरे कुछ बच्चे लोग रहते हैं। कोई भी छोटा-मोटा काम हो, वही संभालते हैं और कभी-कभी ज़रूरत पड़ने पर यहीं किसी खाली कमरे में अपना गुज़ारा भी कर लेते हैं। जॉब की वजह से मुझे फुर्सत कहाँ? वैसे उनके लिए अंदर के गेट के पास सीढ़ियों के नीचे एक बाथरूम बनाया है। टेंशन की कोई बात नहीं। आप परेशान मत होइएगा।"

"नहीं आंटी जी ऐसी कोई बात नहीं।" शिवा मुस्कराते हुए बोले।

"और एक बात, आप किराए के साथ एक महीने का एडवांस कल सुबह दे देना।" आंटी जी ने बहुत सख्ती से बोला।

"ठीक है आंटी जी कल सुबह दे देंगे।" शिवा ने जवाब दिया।

"अच्छा चलती हूँ। किसी चीज़ की ज़रूरत हो तो मेरे बच्चे लोगों को बोलना, वे हेल्प कर देंगे। राधे राधे।" इतना कहकर आंटी जी वहाँ से चली गईं।

आंटी जी के जाने के बाद मधु ने कमरे का दरवाज़ा अंदर से बंद कर दिया और साइड में रखा खिचड़ी का कुकर उठाकर प्लेटों में खाना परोसने लगी और मन ही मन खुद से मुस्कराते हुए सवाल करने लगी।

"शिकायतें तो बहुत हैं, मगर साझा किससे करें हम?

हर कोई यहाँ अपने में मगन और गुम है, बयां किसे करें हम?"

मधु की मुस्कान के पीछे कहीं ना कहीं दर्द झलक रहा था।

साइड में बैठे शिवा को मधु का कुछ बड़बड़ाने का एहसास हुआ।

"क्या हुआ मधु, तुमने अभी कुछ कहा?"

"क्या फर्क पड़ता है, तुम तो मेरी बात सुनने वाले नहीं हो।"

"तुम किस विषय की बात कर रही हो मधु ?"

"अभी थोड़ी देर पहले मैं आंटी जी से रूम के सिलसिले में कुछ समस्याएं बताने जा रही थी तो आपने मुझे रोक लिया। हम बेटी को कंफर्टेबल रखना चाहते हैं, ताकि पढ़ाई में उसका अच्छे से मन लगे। यहाँ हम इसीलिए ही आए हैं न शिवा?"

"तुम बिल्कुल सही कह रही हो मधु, लेकिन हमें यहाँ आए सिर्फ दो-तीन घंटे ही हुए हैं और इतने कम समय में हम कैसे सोच लें कि यहाँ हमें बहुत परेशानियां उठानी पड़ेंगी। थोड़ा पेशेंस रखो मधु।" शिवा मधु की नाराज़गी दूर करते हुए बोले।

"वही तो कर रही हूँ।" यह कहकर खाने की प्लेट में हाथ धोते हुए मधु ने दर्द भरी हल्की सी मुस्कान दी।

"ज़्यादा टेंशन मत लो मधु, तुम यहाँ एक- दो महीने रह कर देखो। रूम अच्छा या कंफर्टेबल न लगे तो चेंज कर लेंगे।" शिवा, मधु को समझाने की पूरी कोशिश कर रहे थे।

"मैं हर चीज़ को पॉजिटिव ले रही हूँ, शिवा!" मधु कूलर के सामने बैठकर पसीना पोंछते हुए बोली।

"आपने रूम पसंद करने में जल्दबाज़ी कर दी पापा, यहाँ कोटा में और भी अच्छे-अच्छे रूम अवेलेबल थे। आपने कुछ नोटिस किया कि यहाँ नेटवर्क की भी ज़्यादा परेशानी है। मैं जब से आई हूँ तब से मोबाइल हाथ में पकड़े रूम के कोने -कोने में जाकर नेटवर्क ढूंढ़ने की कोशिश कर रही हूँ। परेशान हो गई हूँ, पापा।"

पूजा बहुत डिस्टर्ब लग रही थी। उसने मोबाइल स्टडी टेबल पर रखा और बिस्तर पर सोने चली गई।

"अभी ये सब बातें छोड़ो और कल के सेशन के बारे में सोचो। हमें सेशन के लिए घर से कितने बजे निकलना होगा?"

शिवा को अपनी गलती का एहसास हो चुका था। लेकिन वे मधु और पूजा की बातों को टालने की कोशिश कर रहे थे, क्योंकि शिवा का मकसद था दिन ढलने से पहले किसी अच्छे से रूम में सामान शिफ्ट करना। एक ओर दिन ढल रहा था और रूम मिलना भी ज़रूरी था। उन्हें कम समय में यह रूम बड़ी मुश्किल से मिला था। उन्हें क्या पता था कि बाद में इतनी समस्या होगी।

हमारे इरादे पक्के हों तो रास्ते
अपने आप बनने लगते हैं

शिवा अपने बिस्तर से उठे और पानी की बोतल टेबल से उठाकर दो घूंट पानी पिया, फिर फ्रेश होने के लिए बाथरूम में आये। मुंह पर पानी छिड़कना था तो नल की टोंटी घुमाकर मुंह पर पानी की छींटें मारने लगे। चेहरे पर पानी की दो-चार छींटें ही गिरी होंगी कि अचानक नल से पानी आना बंद हो गया।

"अरे, यार। ये क्या नई मुसीबत है!"

शिवा नल की पाइप लाइन की तरफ देखने लगे और माथे पर हाथ रखकर सोचने लगे-

"सुबह जल्दी कोचिंग इंस्टीट्यूट जाना है और थोड़ी ही देर में सभी नींद से जाग जाएंगे। वक्त पर नल में पानी नहीं आएगा तो बड़ी मुसीबत हो जाएगी ! मुझे लगता है, अब तो आंटी जी से बात करनी ही पड़ेगी। शिवा बेटा, तेरे यहाँ से जाने के बाद तुम्हारी बीवी और बच्ची का क्या होगा? सोचो शिवा सोचो, क्या तुम उन्हें ऐसी मुसीबत में डालकर जाना चाहोगे?"

शिवा न केवल उदास थे, बल्कि यह सोचकर परेशान भी थे कि उनके यहाँ से जाने के बाद, क्या उनका परिवार सुरक्षित रह पाएगा?

वे मायूस होकर बाथरूम से स्टडी रूम में आए और कोने में पड़ी एक कुर्सी पर बैठ गए। टेबल पर पड़ी बोतल गोल-गोल घुमाते हुए मधु और पूजा के मासूम चेहरे की तरफ देखने लगे। इस वक्त मन में कई सारे तूफान चल रहे थे, कि "जल्दबाज़ी में लिया हुआ एक ग़लत फैसला भविष्य में हज़ारों समस्याएं खड़ी कर देता है। यह बात तो मैं आज जान चुका हूँ।

तभी मधु ने अपने बिस्तर से धीरे से आंख खोली तो सामने शिवा चेयर पर बैठे हुए नज़र आए। मधु तुरंत बिस्तर से उठ कर बैठी और शिवा से मुस्कराते हुए बोली-

"गुड मॉर्निंग जी, अरे आप नींद से कब जागे?"

"गुड मॉर्निंग ! मधु।"

शिवा, मधु की ओर देखे जा रहे थे। मधु के चेहरे पर जैसे कोटा की ताज़गी भरी नई सुबह की पहली किरण की लाली चढ़ी हुई थी और उसकी मोहक मुस्कान से गुलाब की पंखुड़ियों जैसी मासूमियत झलक रही थी। जैसे मधु को कल की सारी परेशानियां याद ही न हों, इतनी फ्रेश लग रही थी।

"अरे क्या देख रहे हो?" मधु को थोड़ा अजीब लगा।

"कुछ नहीं, मैं सोच रहा था कि क्यों न हम मॉर्निंग वॉक को चलें। कोटा का सुंदर नज़ारा देखने को मिलेगा। मैंने सुना है, कोटा का सनराइज बहुत खूबसूरत होता है। कोटा शहर का सुंदर नज़ारा भी देखने को मिलेगा और मॉर्निंग वॉक भी हो जाएगी।" शिवा अपने दिल के अंदर चल रहे तूफान को रोक कर बात को अलग दिशा में घुमाने की कोशिश कर रहे थे।

"नहीं शिवा, तुम चले जाओ। मैं पूजा के साथ रूम में ही एक्सरसाइज कर लूंगी। और हाँ , आते समय दूध लेकर आना; गैस पर चाय चढ़ानी है।" मधु बिस्तर से उठी और अपने खुले बालों का जूड़ा बनाते हुए बोली।

इधर दूसरे बिस्तर से पूजा भी उठ चुकी थी और अपना मोबाइल चार्जिंग पर लगा रही थी।

"गुड मॉर्निंग ! पापा।.. गुड मॉर्निंग! मम्मी।" प्यारी सी स्माइल के साथ पूजा बेड से नीचे उतरी।

फिर पूजा बाथरूम की ओर जाने लगी, तभी शिवा ने उसे रोका।

"शायद, नल में पानी नहीं आ रहा है बिटिया।"

"कैसे नहीं आ रहा पापा? ठहरो मैं अभी देखती हूँ।" इतना कहकर पूजा बाथरूम की ओर चली गई।

"क्या करूं? ऐसा लग रहा है रूम चेंज कर लूं। बेटी परेशानी में रहेगी तो हमारे यहाँ आने का क्या फायदा?"

शिवा रूम चेंज करने की सोच ही रहे थे कि तभी बाथरूम से पूजा की आवाज़ आई, "पापा, पानी तो आ रहा है। आप भी न पापा अच्छा मज़ाक कर लेते हो!"

"हाँ ठीक..है!.. ठीक है !बेटा। जल्दी तैयार हो जा, तब तक मैं बाहर से

दूध लेकर आता हूँ।"

शिवा ने एक लंबी सांस ली, यह कहकर कि चलो अच्छा हुआ एक मुसीबत तो टली; लेकिन, तब भी आंटी जी से नल में पानी न आने का कारण पूछना ही होगा। यह सोचकर शिवा जॉगिंग सूट पहनकर मॉर्निंग वॉक के लिए चले गए।

इधर मधु और पूजा ने कम से कम आधा घंटा एक्सरसाइज की। एक्सरसाइज करना दोनों माँ-बेटी को पसंद था। पाटिल परिवार में कसरत को ज़्यादा महत्व दिया जाता था, इसीलिए सब फिट थे।

एक्सरसाइज करने के थोड़ी देर बाद पूजा नहाने के लिए चली गई। इधर मधु ने दोनों पलंग पर बिखरा हुआ बिछौना सही ढंग से लगाया और रूम में झाडू लगाने लगी। मधु झाडू मारते-मारते रूम से मिला हुआ जो हॉल था, वह भी साफ करने लगी। तभी बगल के रूम में रहने वाली बिहारी भाभी बाहर आकर मधु को बोली-

"यहाँ काहे को झाडू लगा रही हो भाभी? यहाँ काम वाली आती है न, वही झाडू-पोछा लगा देती है।"

"अच्छा ! मुझे पता नहीं था भाभी। धन्यवाद, आपका।"

मधु ने मुस्कराते हुए आगे पूछा, "लेकिन वह कब आती होगी? बुरा मत मानना, हमें हमारे दरवाज़े के सामने साफ-सुथरा रखना ही चाहिए। अच्छा लगता है भाभी । हमारे महाराष्ट्र में तो घर के सामने आंगन में रंगोली भी डालते हैं। इससे घर में पॉजिटिव एनर्जी आती है और प्रवेश द्वार मंगलमय लगता है।"

"हाँ! भाभी। मैंने सुना है महाराष्ट्र में त्योहारों पर रंगोली बनाते हैं।"

"इतना ही नहीं भाभी, वहाँ हर घर के सामने तुलसी का पौधा और तुलसी के सामने सुबह- शाम घी का दीपक जलाया जाता है।"

बिहारी भाभी को मधु की बातें अच्छी लगीं।

"वैसे हर जगह पूर्वजों के समय से चली आ रही अलग-अलग प्रथाएं, रीति-रिवाज़ होते हैं।"

"सही कहा भाभी आपने। अच्छा मैं चलती हूँ।"

दोनों एक-दूसरे की तरफ मुस्कराकर देखते हुए वहां से चली गईं। बिहारी भाभी अपने कमरे में और मधु किचन की ओर।

पूजा भी थोड़ी देर के बाद बाथरूम से नहा कर स्टडी रूम में चली आई। फिर उसने सामने मेज़ पर रखी श्री गणेश जी की मूर्ति, माता सरस्वती और हनुमान जी की तस्वीर और उनके अक्कलकोट श्री स्वामी समर्थ महाराज को घी का दीपक जलाया, उसके बाद, ईश्वर को प्रणाम करके गणपति स्तोत्र, गायत्री मंत्र और हनुमान चालीसा का पाठ पढ़ा। पूजा का यह नित्य का काम था।

दूसरी ओर, शिवा घर से मॉर्निंग वॉक करने के लिए निकले तो थे, मगर कोटा की सड़कों ने उन्हें मनमोहित कर दिया। कारण था, यहाँ का लोकप्रिय नाश्ता! हाँ, बिल्कुल सही सुना आपने। यहाँ का पसंदीदा नाश्ता था कचौड़ी, समोसे, जलेबी, पोहा, जिसका हर कोई दीवाना था।

कोटा की सड़कों पर सुबह छह बजे से नाश्ते की दुकानें खुल जाती थीं, क्योंकि सुबह छह बजे से बच्चों की कोचिंग क्लास जो लगती थी, तो बच्चे सुबह-सुबह इन्हीं दुकानों पर नाश्ता कर लेते थे। परिंदों के पास इतना वक्त कहां था; उन परिंदों को तो आसमां छूना था। 'टाइम इज़ मनी' यह रूल अपनाते हुए कई बच्चे सुबह-सुबह कोचिंग को जाते। हाथ में पोहा की प्लेट पकड़े हुए सड़कों पर चलते नाश्ता कर लेते थे। यहाँ के नज़ारे दिल को छू जाने वाले थे और बहुत कुछ सीखने को भी मिल रहा था।

शिवा घर से मॉर्निंग वॉक के लिए निकले तो थे, मगर कोटा की सड़कों पर नाश्तों की महक से उनका जी ललचा गया था। मुंह में पानी आने वाली सुगंध से शिवा कैसे दूर रहते भला! शिवा खुद को रोक नहीं पाए। आखिरकार उन्होंने मॉर्निंग वॉक से वापस आते हुए एक दुकान से गरमा-गरम कड़ी-कचौड़ी और जलेबी खरीदी।

कुछ देर बाद शिवा वॉक कर के घर आए। दूध की थैली के साथ नाश्ते की थैली मधु के हाथ में थमाते हुए बोले-

"मधु जल्दी से गैस पर चाय चढ़ा दे। गरमा-गरम कचौड़ी के साथ चाय पीने का मज़ा कुछ और ही है!"

"तुम तो वॉक करने गए थे न, तो फिर !" मधु ने नाश्ते की थैली देखकर अचंभे से पूछा।

मधु ने आगे कहा, "मैं नाश्ता बनाने के लिए आपका ही इंतजार कर रही थी और आप हो कि बाहर से नाश्ता लेकर आ गए। बाहर का खाना सेहत के

लिए अच्छा नहीं होता है जी।"

"तुम ज़्यादा ही सोचती हो मधु! गरमा- गरम कड़ी-कचौड़ी खाने के मज़े को ऐसे किरकिरा मत बना। वह सब छोड़, पहले चाय बना।"

"हमसे ज़्यादा, हमें बिटिया की सेहत का ख्याल है। वह बीमार नहीं पड़नी चाहिए।" यह कहते हुए मधु, दूध की थैली लेकर किचन में चली गई।

चेयर पर बैठे शिवा का ध्यान पूजा की ओर गया। पूजा एक बेड पर बैठकर कोई किताब पढ़ रही थी और बहुत खुश नज़र आ रही थी, क्योंकि थोड़ी ही देर में उन्हें कोचिंग इंस्टीट्यूट जाना था। अभी तो कोचिंग की किताबें नहीं मिली थीं। तो कोई फिज़िक्स की किताब दिख रही थी।

"पूजा, नाश्ता नहीं करोगी?"

आवाज़ सुनकर पूजा का ध्यान अपने पापा की ओर गया और वह मुस्कराकर बोली, "गुड मॉर्निंग ! पापा। आज नाश्ते में क्या स्पेशल है?"

"तुम वहाँ बैठकर ही पूछोगी या, यहाँ आकर अपने पापा के साथ गरमा-गरम नाश्ता करोगी? शिवा ने नाश्ते की थैली की तरफ इशारा करके कहा।

पूजा ने नाश्ते की थैली को देखा और तुरंत बेड से नीचे उतरकर मेज़ पर रखी नाश्ते की खुशबू को महसूस करते हुए खोलकर देखने लगी।

"वाओ! पापा माय फेवरेट आयटम !"

पूजा के मुंह में पानी आया, क्योंकि पूजा को बचपन से ही जलेबी बहुत पसंद थी। उसने नाश्ता करने के लिए तुरंत मम्मी को आवाज़ लगाई और विलंब न करके तुरंत एक जलेबी उठाकर खाने लगी।

"पापा आप भी लो न।"

"पहले तुम खा लो बिटिया। तुम्हारी मम्मी चाय बना रही है, मैं तो चाय के साथ खाना पसंद करूंगा।"

कुछ क्षणों में मधु एक ट्रे में चाय के कप लेकर स्टडी रूम में आई, फिर उन्होंने चाय के साथ नाश्ता किया। तब तक घड़ी में आठ बज चुके थे। फिर उन्होंने माहेश्वरी प्लस कोचिंग करियर इन्स्टीट्यूट जाने की तैयारी की।

पाटिल परिवार ने जहाँ किराए पर रूम लिया था, वहाँ से माहेश्वरी प्लस कोचिंग आधे घंटे की दूरी पर ही था, तो वे लोग कोचिंग सेंटर जाने के लिए पैदल ही निकल गए। दूर से ही बड़ी-बड़ी लाल लाइट के अक्षरों में माहेश्वरी प्लस की बिल्डिंग दिखाई दे रही थी, जहाँ कोचिंग का हेड ऑफिस था।

पूजा का ध्यान उस बिल्डिंग की ओर गया, "पापा, देखो माहेश्वरी प्लस की बिल्डिंग!" इस वक्त पूजा बहुत खुश थी।

जैसे ही वे माहेश्वरी प्लस करियर इंस्टीट्यूट पहुंचे, तो वहाँ का दृश्य देखकर पाटिल परिवार दंग रह गया।

"वाओ ! मम्मी, हाऊ बिग, ब्यूटीफुल बिल्डिंग! मम्मी वो देखो, रैंकर्स के कितने बड़े-बड़े पोस्टर लगे हुए हैं। आई एम सो इंप्रेस्ड !" यह सब नज़ारा देखकर मधु भी बहुत खुश थी।

क्यों न होती ! क्योंकि माहेश्वरी प्लस बिल्डिंग की बड़ी-बड़ी दीवारों पर ऑल इंडिया एअर वन, एअर टू, एअर थ्री...एअर सौ .. ऐसे कई सारे टॉप रैंकर्स की तस्वीरें लगी हुई थीं जिन्हें देख नए एडमीशन के लिए आने वाले बच्चों के मन में नई उमंग और जोश की लहरें जाग रही थीं। कोचिंग क्लास स्टार्ट करने से पहले ही उनका हौसला बढ़ रहा था।

"पूजा बिटिया, ये जो तुम्हारे आजू-बाजू में बच्चे दिखाई दे रहे हैं न, भविष्य में इनमें से कई ऐसे बच्चे भी होंगे, जिनके पोस्टर रैंकर्स के नाम से इसी जगह लगे होंगे । शुरुआत में तो सब एक जैसे ही दिखाई देते हैं। यह सब निरंतर प्रयास, मेहनत और लगन की माया है। खुद को पढ़ाई में झोंक देने वाला बच्चा आगे निकल जाता है।"

"सही कहा मम्मी आपने।" पूजा मुस्करा कर बोली।

"और एक बात भी ध्यान में रखना बिटिया, पढ़ाई करते वक्त रैंक के पीछे कभी नहीं भागना। बस खुद पर भरोसा रख कर लगन के साथ निरंतर पढ़ाई जारी रखना और वक्त के साथ चलना, देख लेना एक दिन सफलता ज़रूर मिलेगी।"

"आपकी बातें हमेशा ध्यान में रखूंगी मम्मी। लव यू!" पूजा अपनी मम्मी की बातों को हमेशा पॉजिटिव ले लेती थी। इसीलिए वह कहीं ना कहीं संतुष्ट थी।

आज सेकंड फेस के बच्चों का एडमीशन होने वाला था। भारत के कोने-कोने से कई सारे पैरेंट्स अपने बच्चों का एडमीशन करवाने कोचिंग सेंटर आए हुए थे। कोचिंग के आवास में पार्किंग के स्थल पर पांव रखने की जगह ही नहीं बची थी, अलग-अलग राज्यों के वाहन खड़े थे।

माहेश्वरी प्लस इंस्टीट्यूट वालों ने एडमीशन के लिए आए हुए पैरेंट्स

और बच्चों के वेलकम में कोई कसर नहीं छोड़ी थी। माहेश्वरी प्लस का आवास बड़े ही सुंदर तरीके से सजा हुआ था।

एडमीशन की प्रक्रिया पूर्ण होने के बाद शिवा का परिवार वहाँ के एक कक्ष में गया। वहाँ पूजा को माहेश्वरी प्लस नाम का एक स्कूल बैग मिला, साथ ही आई कार्ड, पानी की बोतल, छाता और इंस्टीट्यूट का मैटेरियल मिला और उसमें पीसीएम बुक्स के अलावा और काफी सारा मैटेरियल था, जिसे पढ़कर बच्चे अपना भविष्य उज्ज्वल बनाने वाले थे।

आखिरकार, पूजा का माहेश्वरी प्लस इंस्टीट्यूट में एडमीशन कन्फर्म हो गया। पूजा ने हाथ में स्टडी मैटेरियल पकड़ा हुआ था, उसे देखकर पूजा की आंखें नम हुईं, क्योंकि इस दिन के लिए उसे काफी पापड़ बेलने पड़े थे। पूजा को आज वे दिन याद आ रहे थे ।

यह उन दिनों की बात है, जब पूजा, नवोदय स्कूल में दसवीं क्लास में थी, तभी उसके अंदर का जुनून बार-बार दस्तक देने लगा था कि, "पूजा, तुम्हें आईआईटीएन बनना है, तो वक्त हाथ से फिसलने से पहले ही कुछ करना होगा, नहीं तो जिंदगी भर पछताएगी!" परंतु, खाली सोचने से बात नहीं बनने वाली थी, उसके लिए उसे जेईई मेन, एडवांस की एंट्रेंस परीक्षा पास करनी थी और इसके लिए उसे किसी सीढ़ी की आवश्यकता थी, जो उसे आईआईटी में सिलेक्शन तक गाइड करती।

ये सब बातें पूजा ने सोची तो थीं, लेकिन उसे कोई रास्ता नज़र नहीं आ रहा था, क्योंकि उसके पास न मम्मी थीं, न पापा थे, न भाई और ना कोई रिश्तेदार था। थे तो सिर्फ उसके दोस्त, जो बचपन से उसके साथ नवोदय स्कूल के गर्ल्स हॉस्टल में रहती थीं और जो हर कठिन परिस्थितियों में एक-दूसरे के साथ खड़ी रहती थीं।

लेकिन, बात सिर्फ यहीं तक रुकी नहीं थी, इसके अलावा और भी बहुत कुछ ऐसी परिस्थितियां थीं, जिससे उसे कोई उम्मीद की किरण नज़र नहीं आ रही थी। आती भी कैसे? वहाँ हॉस्टल में माता-पिता को एक-एक महीने तक मिलने की आज्ञा नहीं थी और न ही हॉस्टल में किसी को मोबाइल रखने की आज्ञा थी। उसके लिए सब रास्ते बंद थे । ऐसे में नन्ही सी पंद्रह साल की मासूम पूजा, आसमां में उड़ने के लिए कैसे अपने पंख फैलाती?

हमारे इरादों की पकड़ और हमारी अंदर की शक्ति की ईंट मजबूत

होगी, तो हमें हमारे मुकाम तक पहुंचने से कोई नहीं रोक सकता, जैसे कड़ी धूप में किसी चट्टान को चीरकर उसमें से अंकुर का निकलना। ठीक वैसे ही पूज़ा के इरादे इस अंकुर की तरह चुनौती भरे थे।

पूज़ा की दसवीं की परीक्षा निकट आ चुकी थी, इसीलिए उसे परीक्षा की तैयारी भी करनी थी। साथ ही जेईई की क्लास भी ज्वाइन करने और उसके बारे में इनफॉर्मेशन प्राप्त करने के लिए किसी की मदद की आवश्यकता थी।

कहते हैं न, हमारे इरादे पक्के हों तो रास्ते अपनेआप बनने लगते हैं, वैसा ही हुआ। उसे अपने फ्रेंड से पता चला कि, कोटा में 'माहेश्वरी प्लस करियर इंस्टीट्यूट' एक ऐसा कोचिंग सेंटर है, जो आईआईटी में प्रवेश पाने के लिए प्रवेश परीक्षा की तैयारी अच्छे से करवा देता है और जिससे एनआईटी, ट्रिपल आईटी, आईआईटी जैसे इंजीनियरिंग क्षेत्र में आसानी से सिलेक्शन होना संभव हो जाता है।

एक दिन जब कंप्यूटर का पीरियड था, तब पूजा अपने क्लास के स्टुडेंट के साथ स्कूल के एक कंप्यूटर लैब में गई। वहाँ लैपटॉप के सामने बैठकर उसने सोशल मीडिया के ज़रिए, जेईई क्लासेस के बारे में इनफॉर्मेशन निकाली, जिसमें लिखा था, कोटा में जेईई क्लासेस में एडमीशन लेने के लिए एक छोटी सी स्कॉलरशिप एंट्रेंस एग्ज़ाम भी दे सकते हैं। वह एग्ज़ाम देने से इंस्टीट्यूट की तरफ से नब्बे, पचास और पच्चीस पर्सेंट स्कॉलरशिप मिल सकती है। अपनी योग्यता के मुताबिक बच्चों की फीस माफ हो सकती है। यह न्यूज़ पढ़कर पूजा बहुत खुश हुई थी। "वाओ! ऐसा भी हो सकता है । स्कॉलरशिप के ज़रिए मैं आसानी से जेईई की क्लास कर सकती हूँ, और पापा को भी ज़्यादा खर्चा उठाना नहीं पड़ेगा।" पूजा अपने आप में बहुत समझदार बच्ची थी और अब तो उम्मीद की पहली किरण उसके चेहरे पर झलकने लगी थी।

उसने सोशल मीडिया पर और आगे सर्च किया। सर्च करने पर उसे पता चला कि, यह स्कॉलरशिप एंट्रेंस एग्ज़ाम पिछले दो-तीन महीनों से स्टार्ट हो चुके हैं। अब तो जनवरी का महीना आ चुका था। लेकिन, उसने हिम्मत नहीं हारी और उसके बारे में पूरी जानकारी निकाल कर एग्ज़ाम देने की ठान ली। अब वह एग्ज़ाम कहाँ और कैसे देने वाली थी, इसका उसे कोई अंदाजा नहीं

था। लेकिन उसका इरादा पक्का था।

पूज़ा के पैरेंट्स को उसके फैसले के बारे में कोई जानकारी नहीं थी। पूजा ज़िंदगी में इस हलचल का सामना अकेले ही कर रही थी क्योंकि उसके माता-पिता उसे डॉक्टर बनाना चाहते थे और पूजा का सपना आईआईटीयन बनना था। इतना सब कुछ स्ट्रगल करने के बावजूद उसे यह भी पता नहीं था कि मम्मी-पापा इंजीनियरिंग के लिए राज़ी होंगे भी या नहीं! उसने कुछ न सोचकर अपने लक्ष्य की ओर अपना प्रयास जारी रखा।

जनवरी 2022 में उसने कड़े प्रयास से जेईई की तैयारी के लिए स्कॉलरशिप एंट्रेंस एग्ज़ाम दिया। काफी सारी मुसीबतों को झेलने के बाद उसे दस पर्सेंट स्कॉलरशिप मिल पाई थी। लेकिन उसके लिए यह भी बहुत बड़ी बात थी।

नवोदय विद्यालय में हर महीने के सेकंड सन्डे को पैरेंट्स मीट डे होता था। लेकिन वक्त की पाबंदी रहती थी। नवोदय विद्यालय डिसिप्लिन के मामले में बहुत स्ट्रिक्ट था। दोपहर बारह बजे से शाम पांच बजे तक ही मिलने का टाइम रहता था। शिवा और मधु जल्दी आकर हॉस्टल के बाहर पूजा का इंतज़ार करते रहते, तो कभी पूजा धूप-छांव देखे बिना मम्मी-पापा से मिलने की खुशी में हॉस्टल के गेट के पास खड़ी होकर घंटों तक इंतज़ार करती थी। महीने का यह बस एक ही ऐसा दिन था, कि उसे घर का खाना नसीब होता था। पूजा ने सोचा था ,पापा आएंगे तो पापा को जेईई के बारे में बताऊंगी, पर वह बताने से डर रही थी। उसे लगा बताऊंगी तो शायद पापा इंजीनियरिंग नहीं करने देंगे। मार्च के महीने में दसवीं की परीक्षा खत्म होने के बाद पूजा छुट्टियों में घर वापस आई।

अब उसे उसके भविष्य का निर्णय लेना ज़रूरी था। कोटा में माहेश्वरी प्लस एक ऐसा इंस्टीट्यूट था, जिसमें उसे एडमीशन लेना था। फिर उसने अपने मम्मी-पापा को इस बारे में बताया। उसने जो जेईई स्कॉलरशिप एंट्रेंस एग्ज़ाम दी थी, उसके बारे में भी बताया। मधु, पूजा को हमेशा सपोर्ट करती थी, इसलिए मधु तो राज़ी ही थी। शिवा भी अपनी इच्छाएं साइड में रखकर बच्चों की रुचि किस क्षेत्र में है, इस बात को महत्व देते थे।

लेकिन शिवा पूजा को पढ़ाई के लिए इतनी दूर कोटा शहर नहीं भेजना चाहते थे। उन्होंने, पूजा को नवोदय विद्यालय उसकी मर्ज़ी से ही भेजा था।

लेकिन इस बार फासला ज़्यादा था। शिवा हिचकिचा रहे थे कि, राजस्थान के इतने बड़े भीड़भाड़ वाले शहर में मेरी बेटी अकेले कैसे रह पाएगी? इसीलिए उन्होंने मना कर दिया था।

पूजा भी ज़िद पर अड़ी थी; वह बहुत रोई। उसकी ज़िद थी कि उसे माहेश्वरी प्लस करियर इंस्टीट्यूट में ही एडमीशन लेना था, फिर चाहे ऑनलाइन कोचिंग ही क्यों न हो!

आखिरकार शिवा, बिटिया का शिक्षा पाने का जुनून देखकर उसे कोटा भेजने के लिए राज़ी हो गए, मगर एक शर्त पर ! शर्त यह थी कि, पूजा के साथ उसकी मम्मी मधु भी जाएगी। शिवा ने पूजा की देखभाल के लिए यह फैसला ठीक समझा। आखिर बिटिया के भविष्य और करियर के साथ उसके स्वास्थ की देखभाल का भी सवाल था।

आखिरकार पूजा का जुनून उसे कोटा शहर खींच ही लाया था।

"क्या हुआ बिटिया? तुम ठीक तो हो?" शिवा ने पूजा के कंधे पर हाथ रखते हुए पूछा।

"कुछ नहीं पापा। आंख में कचरा चला गया था शायद!"

अतीत के दिन याद करके पूजा के आंसू निकल आए थे। पापा के पूछने पर पूजा ने अपने आंसू छुपा लिए थे।

बाद में पाटिल परिवार 'माहेश्वरी प्लस टू' बिल्डिंग में सेशन के लिए ऑटो करके आया।

शिवा और उनके परिवार ने बिल्डिंग के अंदर प्रवेश किया, तो उन्होंने देखा, वहाँ हज़ारों की संख्या में पैरेंट्स अपने बच्चों के साथ सेशन लेने आए हुए थे। सभी को लिफ्ट से अंदर भेजा जा रहा था। सेशन के लिए जाते वक्त बहुत अच्छा लग रहा था। बिल्डिंग के भीतर एक बहुत बड़े हॉल में सेशन का इंतज़ाम किया गया था। हॉल के भीतर पीओपी की हुई थी और लाइटों की जगमगाहट से हॉल बहुत ही सुंदर लग रहा था। इतना ही नहीं, बल्कि वहां बहुत सारी कुर्सियां रखी थीं, जिन पर सफेद कपड़ों का कवर था। सामने एक बहुत बड़ा स्टेज और स्टेज के पीछे बड़ा सा डिजिटल बोर्ड था। अब सेशन शुरू ही होने वाला था कि उससे पहले, सामने डिजिटल बोर्ड पर माहेश्वरी प्लस करियर इंस्टीट्यूट के कई प्रोग्राम दिखाये जाने लगे थे, जिनमें नीट, जेईई टॉपर, रैंकर्स बच्चों के साथ सैलिब्रेशन चल रहा था। बीच-बीच में

'तारे ज़मीं पर' फिल्म का गाना चल रहा था। उसमें आमिर खान नन्हें बालक को समझाने की कोशिश कर रहा था और उसका डर खत्म कर हौसला बढ़ा रहा था।

ये सब गौर करते हुए मधु को महसूस हो रहा था कि, माँ-बाप के लिए अपने बच्चों के अंदर की भावनाओं को समझना कितना ज़रूरी है, बच्चे कभी- कभी अंदर ही अंदर घुटन महसूस करते हैं और किसी को कुछ नहीं बताते। उनके मन की विचलन को समझना ज़रूरी होता है।

थोड़ी देर में सेशन शुरू होने वाला था। यह मोटिवेशनल सेशन खास तौर से पैरेंट्स और बच्चों के लिए अरेंज किया गया था, जिससे सभी स्टूडेंट्स को स्टडी करने में काफी मदद मिलने वाली थी।

सबसे पहले आनंद सर स्टेज पर आए।

"हैलो बच्चो! कैसे हो सब? मज़े में न?"

आनंद सर के स्टेज पर आते ही, सभी पैरेंट्स और बच्चों का ध्यान स्टेज की ओर चला गया।

"मेरी आवाज़ सुनाई दे रही है आप सभी को? अगर हाँ, तो ज़ोरों से एक बार क्लैप कीजिए।" आनंद सर अपनी ओर सबका ध्यान खींचते हुए बोले।

आनंद सर की आवाज़ सुनते ही, सभी स्टूडेंट और उनके साथ बैठे पैरेंट्स ने भी ज़ोर से क्लैपिंग की। जोश के साथ सभी के चेहरे पर मुस्कान की लाली आ गई थी, जैसे सभी बच्चों का अभी आईआईटी में सिलेक्शन होने जा रहा हो! सभी बहुत खुश थे। सच में यह दृश्य बहुत रोमांचक था।

"बच्चो, हर पैरेंट्स का सपना होता है अपने बच्चों को अच्छी शिक्षा देकर उन्हें एक आदर्श उच्च शिक्षित अफसर, डॉक्टर, इंजीनियर, वकील बनते देखना; इसके लिए आपके पैरेंट्स हर मुसीबतें पार करके, हर वक्त तुम्हारे साथ खड़े होते हैं। इस बात का हमेशा ख्याल रखना और आपको कड़ी मेहनत करके अपने लक्ष्य को प्राप्त करना है। यस ऑर नो? क्लैप..!"

सभी स्टूडेंट ने क्लैप करते हुए हाँ में जवाब दिया।

इधर, चेयर पर बैठे हुए शिवा, आनंद सर की बातें सुनकर पूजा को समझा रहे थे, "बिटिया, आप जी-जान लगाकर पढ़ाई करना; आपकी जीत में ही हमारी खुशी है और एक बात ध्यान रखना, शहर नया है, तो अपना और मम्मी का अच्छे से ख्याल रखना।"

पापा की बातें सुनकर पूजा की आंखें नम हो गई थीं। उसने सिर हिलाते हुए हाँ में जवाब दिया।

"लव यू सो मच पापा, बहुत मिस करेंगे हम आपको।" पूजा की आंखें फिर नम हो गईं।

पूजा की बगल वाली चेयर पर बैठी मधु दोनों की बातें गौर से सुन रही थी। मधु सहमी-सहमी सी शिवा की ओर देखते हुए मन ही मन बोली, "दो साल बहुत ज़्यादा होते हैं जी, पता नहीं दिन कैसे कटेंगे?" मधु कुछ पल के लिए भावुक हो गई थी।

पूजा से बातें करते-करते शिवा का ध्यान मधु की तरफ भी था, उन्होंने मधु की घुटन को महसूस करते हुए उसकी आंखों में देख मन ही मन कहा, "डोन्ट वरी, वीडियो कॉलिंग से बातें किया करेंगे।"

हम्म ! मधु ने शिवा की नज़रों में नज़रें मिलाकर मन ही मन जवाब दिया।

तभी दूसरी ओर ज़ोर से क्लैपिंग की आवाज़ सुनाई दी। आनंद सर, बच्चों को कुछ स्टडी के संदर्भ में महत्वपूर्ण टिप्स बता रहे थे।

"बच्चों हर सब्जेक्ट के कांसेप्ट को समझना बहुत ज़रूरी होता है। पढ़ो, कांसेप्ट को समझो और हर क्वेश्चन सॉल्व करने का प्रयास करो। प्रैक्टिस बहुत ज़रूरी है बेटा, निरंतर प्रैक्टिस करोगे तो उतना ही आगे सरल होता जाएगा। किसी भी प्रकार के क्वेश्चन को लेकर आपका डर भी कम होता जाएगा और आपके ऊपर प्रेशर नहीं आएगा। किसी क्वेश्चन में अगर अटक गए तो डाउट काउंटर पर बैठे किसी भी टीचर से आप डाउट सॉल्व करवा सकते हैं। आपकी किसी भी प्रकार की हेल्प के लिए माहेश्वरी प्लस की टीम हर वक्त मौजूद है और रहेगी! सो..सभी स्टूडेंट आज से ही अपने लक्ष्य की ओर बढ़ने की शुरुआत करेंगे। यस ऑर नो बच्चो?"

आनंद सर को सभी ने यस में जवाब दिया।

देखते-देखते लगभग दोपहर के बारह बज चुके थे। कुछ ही पल में सेशन खत्म हुआ और सभी पैरेंट्स एवं बच्चे सीढ़ियों से नीचे उतरने लगे, क्योंकि सिक्योरिटी गार्ड ने लिफ्ट से जाना, मना कर दिया था।

यह बात गौर करने वाली थी कि, शुरुआत में आते समय लिफ्ट की सुविधा और जाते समय सीढ़ियां! जाते समय हर सीढ़ी दो साल के कठोर

परिश्रम के बराबर होने वाली थी। जिस तरह बच्चे सरलता से एडमीशन ले लेते हैं और फिर दो साल इन सीढ़ियों से फर्स्ट फ्लोर से फोर्थ फ्लोर तक और फोर्थ फ्लोर से फर्स्ट फ्लोर तक चढ़ने और उतरने की कसरत करते रहते हैं। जिसने यह कसरत मेहनत और लगन से पूरी कर ली, उसका फ्यूचर लिफ्ट जैसा आसान होने वाला था। मधु भीड़ की तरफ देख एक-एक सीढ़ी नीचे उतरते हुए मन ही मन सोच रही थी।

माहेश्वरी प्लस टू बिल्डिंग के बाहर आने के बाद, उन्होंने पैदल जाना ठीक समझा, क्योंकि रास्ते में उन्हें शॉपिंग भी करनी थी। बाहर कड़ी धूप थी इसलिए शिवा ने पूजा के स्कूल बैग से छाता निकाला और एक हाथ से उसे छांव देते हुए चलने लगे। सबसे पहले वे एक बुक स्टॉल पर गए, वहाँ से उन्होंने तीन सौ-चार सौ पेज वाली किताबें खरीदीं और पूजा को जो भी चीज़ें चाहिए थीं, वह सब खरीदा। वहाँ से कुछ दूरी के अंतर पर बर्तनों की दुकान थी, वहाँ से कुछ घरेलू सामान भी खरीदा, फिर अपने मुकाम की ओर आगे बढ़ चले।

मई का महीना खत्म होकर जून महीने की शुरुआत ही हुई थी। लेकिन, राजस्थान की तपती धूप अभी भी कम होने का नाम नहीं ले रही थी। गर्मी से परेशान बच्चा-बच्चा त्राहि-त्राहि करके ईश्वर से प्रार्थना कर रहा था कि, जल्द ही बारिश हो जाए और धरती के साथ सभी प्राणियों को इस भीषण गर्मी से राहत मिले।

लेकिन वास्तविक स्थिति से हर कोई समझौता कर रहा था। सूरज अपना तेज दिखा रहा था और हर कोई धूप की भट्ठी में भुना जा रहा था। फिर चाहे वह आसमान से बरसते आग के गोलों की बौछार की चपेट में आए हुए पेड़-पौधे हों या नदी-नाले, मनुष्य हो या चाहे नंगे पांव सड़कों पर घूमते हुए जानवर, जिनके लिए हरा-भरा चारे की जगह प्लास्टिक की थैलियां खाने की नौबत आ चुकी थी। संघर्ष हर कोई कर रहा था। खैर...

कोटा की सड़कों पर चलती हुई पूजा बेचैन हो रही थी, कि-

पापा, मेरा कितना ख्याल रखते हैं!

उसके पापा ने उसे छांव देने के खातिर एक हाथ में छाता पकड़ रखा था। पूजा रोड पर चल रही थी और उसके पापा उसके सिर के ऊपर छाता पकड़कर चल रहे थे। पूजा से यह देखा नहीं जा रहा था।

"पापा, आपके दूसरे हाथ में पहले से ही इतना सारा सामान है। लाओ, छाता मैं पकड़ लेती हूँ।" वह अपने पापा से छाता लेने की ज़िद करने लगी।

"नहीं बेटी रहने दे। बस तू आराम से चल। मुझे कोई तकलीफ नहीं हो रही है।"

"कोई भी पापा अपनी बेटी को धूप लगते नहीं देख सकता न। हर माँ-बाप ज़िंदगी की कड़ी धूप में भी छांव बनकर बच्चों के साथ खड़े रहते हैं।" पूजा इस बात को महसूस कर रही थी।

पूजा के बार-बार मना करने के बावजूद उसके पापा सुनने वाले नहीं थे, तो उसने काफी थक जाने का नाटक किया और पापा से एक ऑटो रुकवाने के लिए कहा। पूजा को थकान लग रही है, यह देखते हुए शिवा ने एक ऑटो रोका। फिर वे लोग ऑटो करके रेसिडेंसी पहुंचे, जहाँ वे रहते थे। सभी ऑटो से नीचे उतरे, तभी शिवा ने अपनी जेब से पचास रुपए निकालकर ऑटो ड्राइवर को दिया और वह वहाँ से चला गया।

सेशन खत्म होने के बाद, पाटिल परिवार अपने रेज़िडेंसी वापस आया। आते ही मधु ने अपने पर्स में से चाबी निकालकर रूम का ताला खोला और सभी, सामान लेकर रूम के अंदर आए।

दोपहर एक बजे का समय था और ऊपर से गर्मी हो रही थी तो शिवा ने सबसे पहले कूलर स्टार्ट किया। पूजा ठंडी हवा लेने के लिए बिल्कुल कूलर के सामने चेयर लेकर बैठी; साथ में फिज़िक्स की बुक के पन्ने पलटने लगी।

'पापा, अब रिलेक्स लग रहा है।"

इधर मधु को कहाँ चैन था! उसने रूम के एक कोने में सामान रखा और चाबी लेकर किचन की ओर चली गई। मधु ने किचन का ताला खोला। अंदर जाकर एक डिब्बे में से दाल चावल निकालकर बेसिन के नल पर स्वच्छ पानी से धोने लगी। उसी वक्त सामने के रूम में रहने वाली भाभी घड़ा लेकर किचन के अंदर आई और बोली-

"भाभी मैं आपका कब से इंतज़ार कर रही थी। पीने का पानी भरना था। वैसे..इतनी सुबह-सुबह कहाँ गए थे, भाभी?"

"बेटी के कोचिंग इंस्टीट्यूट में सेशन रखा था। हम लोग वहाँ गए थे।" मधु ने दाल चावल धोए और उन्हें कुकर में चढ़ाते हुए बोली।

"अभी तक तो खाना नहीं हुआ, भाभी? हम तो सुबह ही खा लेते हैं।"

"हम सुबह नाश्ता करते हैं फिर एक बजे लंच। आज ज़रा देर हो गई।"

"वैसे एक बात बोलूं, बुरा तो नहीं मानोगे भाभी?

"अरे , नहीं। बोलो क्या बोलना चाहते हो?"

"इतनी गर्मी में आप इस रूम में कैसे मैनेज कर पा रहे हो? आपका रूम इतना अंदर है कि बाहर फ्रेश हवा आने के लिए कहीं से भी जगह नहीं है। सिर्फ एक ऊपर की वेंटिलेशन खिड़की छोड़कर, जिसके ऊपर चार मंजिलें हैं! आपको घुटन होती होगी भाभी।"

बिहारी भाभी साफ दिल की थी। उसको जो सही लगता था, वो तुरंत बोल देती थी, हालांकि, मधु की उनके साथ जान-पहचान चंद मिनटों की ही थी, मगर उनका साफ दिल का स्वभाव मधु को अच्छा लगा था।

"क्या आपके रूम में गर्मी नहीं होती?"

"कैसे होगी? मेरे रूम में तो आगे से खिड़की लगी है, जिससे बाहर की फ्रेश हवा मेरे रूम के अंदर आती है, भाभी।"

"अच्छा, अच्छी बात है।" मधु को थोड़ा बुरा लगा था लेकिन उसने मुस्करा दिया।

बिहारी भाभी का पानी का घड़ा भर चुका था, फिर वह घड़ा लेकर अपने कमरे में चली गई।

उधर स्टडी रूम में कूलर का पानी एक कोने से लीक होने लगा। पूजा ने फिज़िक्स की बुक को साइड में रखा और उसे पापा को जगाने का ख्याल आया। लेकिन शिवा की कूलर के सामने फर्श पर लेटे-लेटे आंख लग चुकी थी तो पूजा ने सोचा, पापा सुबह से मेरे लिए इधर-उधर घूम रहे थे तो जगाना ठीक नहीं। मुझे खुद ही कुछ करना पड़ेगा।

फिर पूजा ने कपबोर्ड में से एक कपड़ा निकाला और पानी जहाँ लीक हो रहा था, वहाँ रख दिया।

तब तक इधर मधु ने दाल, चावल, सब्ज़ी, रोटी, दही कोशिंबिरी बना ली। वह सारा खाना रूम में लेकर आ गई।

"चलो, हाथ-मुंह धो लो तुम लोग; तब तक मैं प्लेट में खाना परोसती हूँ।"

"पूजा, पापा ऐसे कैसे फर्श पर ही सो गए? जगा उन्हें," मधु प्लेट्स में खाना परोसते हुए शिवा की तरफ देखकर बोली।

“पापा, उठिए खाना बन गया।” पूजा ने फिज़िक्स की बुक साइड में रखी और पापा को जगाने लगी।

“ए जी उठिए, खाना ठंडा हो रहा है।”

मधु ने शिवा को जगाया। फिर उसे फ्रेश होने जाना था।

“बेटी, बाहर से आने के बाद, मैं तुरंत खाना बनाने चली गई, क्योंकि आप लोगों के पेट में चूहे दौड़ने लगे थे। तो मैं अब फ्रेश हो लेती हूँ, तब तक आप पापा को जगाओ, खाना गरमा-गरम अच्छा लगता है।”

“ठीक है मम्मी। आप पहले फ्रेश हो जाओ।”

मधु, बाथरूम में फ्रेश होने गई। उसके बाद, शिवा भी उठ गए।

“अरे, वाह पूजा, तुम्हारे मम्मी के हाथों में तो जादू है। इतना जल्दी खाना बना भी लिया!” शिवा परोसे हुए प्लेट्स की ओर देखकर बोले।

“पापा माय मॉम इज़ सुपर ग्रेट लेडी!”

इस बात से दोनों हंस ही रहे थे, उसी वक्त मधु रूम के अंदर आई और इन्हें हंसते हुए देख कर बोली-

“अरे भाई क्या हुआ? सन्नाटे भरे रूम में अचानक से हंसी की लहरें कैसे गूंज उठीं?” मधु के चेहरे पर मुस्कान थी।

“मम्मी, सुपर लेडी के बारे में बात कर रहे थे हम लोग।”

“कौन? ज़रा मुझे भी बताएंगे आप लोग? मेरी भी जानकारी बढ़ेगी।” मधु को इन दोनों की बातें सुनने में बहुत दिलचस्पी थी।

पूजा और शिवा दोनों बिना कुछ बोले एक-दूसरे की तरफ देखते हुए हंसने लगे। हा हा हा...।

“अरे, ये क्या? मैं आप लोगों से कुछ पूछ रही हूँ और आप हो कि, कुछ बताने के बजाए हंसे जा रहे हो! ये क्या बात हुई!” मधु थोड़ा गुस्सा हुई। लेकिन गुस्से में भी प्यार झलक रहा था।

“हाँ, हंस लो आप लोग। मेरे राज को आने दो फिर देखना।”

“हाँ मम्मी पता है पता है, आपका बेटा आपका पल्लू पकड़ कर ही घूमता है दिन रात,... मम्मी मम्मी मम्मी! इतना बड़ा हो गया है लेकिन आज भी हर बात पर मम्मी के सिवा पत्ता नहीं हिलता। आप तो उसके ऊपर प्राउड फील करेंगी ही न!”

“बिल्कुल सही कहा पूजा बिटिया।” फिर दोनों बाप-बेटी हंसने लगे।

"हाँ, तो! आप लोगों को क्यों जलन हो रही है भाई? मेरा बेटा है ही ऐसा, लाखों में एक कोहिनूर हीरे के जैसा।"

"अरे, मधु बुरा मान गई? हम तेरे बारे में ही तो बात कर रहे थे। इतने कम समय में इतना टेस्टी खाना बनाकर तैयार करना कोई आपसे ही सीखे। हाऊ अमेज़िंग! इसीलिए आपको सुपर ग्रेट लेडी कहकर प्राउड फील कर रहे थे।" शिवा ने मुस्कराते हुए कहा।

"हम्म , अच्छा ठीक है। आगे खाना ठंडा हो रहा है।" शिवा की बात सुनकर मधु के मन में लड्डू फूट रहे थे, लेकिन उसने चेहरे पर यह भाव नहीं आने दिया।

हर औरत रात-दिन अपने परिवार की खुशी के लिए खुद को झोंक देती है। चौबीस घंटे अपने परिवार अपने बच्चों के बारे में सोचती रहती है। खाने से लेकर कपड़े बर्तन तक हर चीज़ का ख्याल रखती है। इसके बदले कभी परिवार से तनख्वाह नहीं लेती। परिवार की खुशी उसके लिए सबसे बड़ी तनख्वाह होती है। इसीलिए कभी-कभी उसके कामों की स्तुति करना हमारा फर्ज़ बनता है। इतनी सी बात पर भी वह अंदर से खुश हो जाती है। इस बात को शिवा बखूबी से जानते थे।

बातों-बातों में मधु का ध्यान अचानक कूलर के पास नीचे रखे हुए कपड़े की ओर चला गया। कपड़ा पूरी तरह से गीला हो चुका था और उसमें से धीरे-धीरे पानी बहने लगा था।

"अरे, यह क्या? कूलर का पानी लीक कैसे हो रहा है? क्यों जी, आपने लगाते समय चेक करवाया तो था न!?" मधु ने आश्चर्य से शिवा से पूछा।

"क्या पता मधु, कूलर तो पहले से ही लगा हुआ था। मैंने तो सिर्फ चेक करके लगवा लिया था। लेकिन तब ठीक चल रहा था। लेकिन पता नहीं कैसे..? "

"अब क्या करें जी?" मधु चिंतित हो गई थी।

"रुको, मैं कुछ करता हूँ।" शिवा, मधु को दिलासा देते हुए बोले।

शिवा अपने रूम से निकले और सीधे सामने के रूम के दरवाज़े पर दस्तक देने लगे। दस्तक की आवाज़ सुनकर रूम के अंदर से वही आदमी आंखें मलते हुए रूम से बाहर आया। यह वही आदमी था, जो श्याम के साथ खड़ा था और शिवा को शुरुआत में रूम दिखाने के बाद रूम की साफ-

सफाई करने लगा था।

"क्या हुआ साहब?"

"अरे छोटू, अपना कूलर लीक हो रहा है, ज़रा चलकर देख तो भाई क्या गड़बड़ी है?"

"अभी तो मुझे नींद आ रही है। थोड़ी देर बाद देख लेंगे।"

"अरे भाई, इतनी गर्मी में मार डालोगे क्या? तुम्हें नहीं देखना, तो मैं आंटी जी से बात कर लेता हूँ।" शिवा को बहुत गुस्सा आया और उन्होंने मोबाइल निकालने के लिए अपनी जेब में हाथ डाला।

"रुको, चलो देखता हूँ।" उस लड़के को लगा यह साहब सचमुच आंटी जी को कॉल लगा देंगे और आंटी जी की डांट सुननी पड़ेगी, उससे अच्छा है उनका काम देख लूं।

वह, शिवा के साथ स्टडी रूम के अंदर आया और कूलर की जांच करने लगा। उसने पहले कूलर की जाली वाले पार्ट को निकाल कर एक साइड में फर्श पर रखा और पानी कहाँ से लीक हो रहा है, जांच करने लगा, लेकिन कूलर में पानी भरा था।

"कूलर का पानी निकालना पड़ेगा, तभी मैं कुछ कर सकता हूँ।"

शिवा ने जैसे-तैसे करके कूलर के अंदर का सारा पानी मग्गे के ज़रिए बाहर निकाला। फिर उस आदमी ने किसी को कॉल किया। कॉल करते ही पांच मिनट के अंदर एक लड़का रूम के अंदर आक़र खड़ा हुआ।

"क्या हुआ श्याम?"

"अरे रोज़ की प्रॉब्लम।"

"हाँ चलो, उठा कर रख आते हैं और कोई दूसरा लेकर आते हैं।"

वह लड़का, श्याम से ऐसी बातें कर रहा था, जैसे वह सब कुछ पहले से जानता हो और श्याम भी रोज़ की प्रॉब्लम बोलकर ऐसे छुपा रहा था, कि इस रेसिडेंसी के हर किसी किराएदार के साथ ऐसी प्रॉब्लम होती होगी।

वह लड़का शरीर से दुबला-पतला सा दिखाई दे रहा था। शायद इक्कीस-बाईस साल का होगा। उसकी बातों से ऐसा प्रतीत हो रहा था, कि शायद आंटी जी के बच्चा लोगों में से ही एक होगा। फिर दोनों ने मिलकर कूलर उठाया और सीढ़ियों से ऊपर के फ्लोर पर लेकर गए।

इधर शिवा और मधु आश्चर्य से एक-दूसरे की तरफ देखने लगे।

"ये क्या हो रहा है!"

"क्या करें, रूम चेंज कर लें?"

"कैसी बातें कर रही हो मधु! मैंने तो आंटी जी को आज सुबह ही इस महीने के किराए समेत एक महीने का एक्स्ट्रा एडवांस नकद दिया। क्या हमें तुरंत वापस मांगना अच्छा लगेगा?"

"अरे, क्यों नहीं लगेगा? हम अपना अधिकार मांग रहे हैं न! वह पैसे हमने हमारे जेब में से दिये थे।"

"हाँ, लेकिन मधु, पहले हमें अच्छा रूम ढूंढ़ना होगा फिर ये रूम छोड़ने का निर्णय लेंगे। थोड़ा दिमाग लगाओ यार!"

शिवा मधु को समझाने की कोशिश कर रहे थे और दूसरी ओर उन्हें अपनी गलती का एहसास भी हो रहा था।

"मैंने रूम सेलेक्ट करने में जल्दबाज़ी कर दी मधु। मुझे और दो-चार रूम देखने चाहिए थे। बैग के चक्कर में हमें देरी हो गई और आगे का सब प्लान चौपट हो गया।"

"इसमें तुम्हारा क्या कसूर, बैग गुम होने के कारण ये सब गड़बड़ हुई।"

"कसूर तो है ही, जल्दबाज़ी में इस रूम को सेलेक्ट कर लिया। गलती तो मेरी ही हुई न, आंटी जी तो बेचारी दिल की अच्छी औरत हैं, उनका क्या कसूर, कसूर तो हमारा है। हमने ठीक से रूम नहीं देखा और जल्दबाज़ी में शिफ्ट हो गए।"

"शिवा, हम यहाँ बिटिया के लिए आए हैं। उसे हम कंफर्टेबल लाइफ नहीं दे सके तो हमारा यहाँ आने का क्या मतलब? अभी से इतनी प्रॉब्लम्स क्रिएट हो रहे हैं, तो आगे हमारी बिटिया पढ़ाई कैसे कर पाएगी? क्या आपने यह सोचा?"

मधु को पूजा की फिक्र हो रही थी।

"हाँ, मधु। मैं सब समझता हूँ, लेकिन मुझे कल दोपहर दो बजे की ट्रेन से वापस जाना होगा। मेरी छुट्टी खत्म हो चुकी है। कल ड्यूटी ज्वाइन करनी होगी मधु। और वैसे भी सिक लीव छोड़ कर पुलिस वालों को साल में बारह दिन की ही छुट्टी मिलती है।"

"हाँ, मैनेज तो हम दोनों को करना पड़ेगा। आप अपनी ड्यूटी के प्रति कर्तव्य निभाइए, मैं आपके और बच्चों के प्रति कर्तव्य निभाती हूँ। एंड डोन्ट

वरी, मैं यहाँ सब मैनेज कर लूंगी आपको फिक्र करने की आवश्यकता नहीं शिवा।"

मधु चाह कर भी शिवा को रोक नहीं सकती थी।

"मुझे लगता है एक महीने के लिए इस रूम में गुजारा कर लो। ज़्यादा ही प्रॉब्लम होने लगी तो रूम चेंज कर लेना और वैसे भी तुम तो मेरी सुपर बीवी हो, इसलिए ही मैंने तुम्हें पूजा के साथ यहाँ भेजा।"

शिवा को अपनी मधु पर पूरा भरोसा था। उन्हें पता था कि मधु हर मुसीबत का सामना करके पूजा को और खुद को सुरक्षित रख सकती है।

"हम्! अब आने वाला वक्त ही बताएगा।"

मधु ने सब वक्त के भरोसे छोड़ दिया था।

"मतलब, समझा नहीं?"

मधु की बात शिवा को कंफ्यूज कर देने वाली थी।

"मतलब यही, जो होगा वह आगे देखा जाएगा।" मधु मुस्कराते हुए बोली।

ये लोग बातें कर रहे थे, तभी थोड़ी देर में बच्चा लोग ऊपर के फ्लोर से एक अच्छा सा कूलर लेकर आए और रूम के अंदर उसे स्टैंड पर सेट कर दिया। शिवा ने फिर से कूलर में दो-चार बाल्टी पानी डाला और बच्चा लोगों ने उसकी वायर इलेक्ट्रिक बोर्ड में लगवाने के बाद चेक करके कूलर स्टार्ट करके देखा, बिना लीक किए कूलर अच्छे से चलने लगा।

"ये लो साहब, अब हो गया आपका काम, अब हम चलते हैं, हमें इजाजत दीजिए।"

"धन्यवाद, भाई आप लोगों का। अब आप जा सकते हैं।"

उन लोगों के जाने के बाद, शिवा ने मधु से कहा-

"जब भी कोई प्रॉब्लम क्रिएट होगी तो इन बच्चा लोगों से कह देना। ये लोग दिल के अच्छे और हेल्पिंग नेचर के लग रहे हैं। ये ज़रूर मदद करेंगे।"

शिवा ने इन लोगों को ऑब्जर्व करके ही यह बात कही थी।

"हाँ, मैंने भी ऑब्जर्व किया।"

मधु ने जवाब दिया।

दूसरे दिन सुबह साढ़े पांच बजे का वक्त-

रूम में दीवार पर एक बल्ब लगा था, जिसकी धुंधली सी किरणें बेड पर

गहरी नींद में सोए हुए पाटिल परिवार पर पड़ रही थीं। एक बेड पर मधु, पूजा के साथ सोई हुई थी और दूसरे बेड पर शिवा। तभी मधु की मोबाइल की रिंग बजी। रिंग की आवाज सुनकर मधु तुरंत नींद से जागी और आंखें मलते हुए उसने टाइम सेट की हुई अलार्म की रिंगटोन को बंद किया। फिर बिखरे हुए बालों का जूड़ा बनाकर उसे क्लिप लगाते हुए पूजा को जगाने लगी।

"पूजा, उठ जा बिटिया। आज तेरी सुबह छह बजे की क्लास है न!"

पूजा को और थोड़ी देर सोना था लेकिन, क्लास का टाइम सुबह छह बजे का था। फिर मम्मी की आवाज़ सुन पूजा हड़बड़ी से उठी।

"गुड मॉर्निंग मम्मी, आज मेरा क्लास का पहला दिन है। मैं लेट तो नहीं हुई न?" पूजा मोबाइल में टाइम देखने लगी।

"नहीं, अभी तो घड़ी में सवा पांच बज रहे हैं बिटिया।"

बेसिन के पास आकर वह मुंह पर पानी की छीटें मारने लगी। पूजा को रोज़ सुबह-सुबह एक्सरसाइज़ करने की आदत थी तो उसने अपनी मम्मी के साथ थोड़ी देर योगा किया। फिर ब्रश पर पेस्ट लगाया और दांत ब्रश करते हुए कपबोर्ड से अपना टॉवल और कल कोचिंग से मिला हुआ यूनिफॉर्म निकाला और तुरंत नहाने के लिए चली गई।

दूसरी ओर मधु ने किचन में गरमा-गरम घी का परांठा बनाया और साथ ही दूध गर्म करके उसमें रात को भिगोए हुए ड्राई फ्रूट्स का पेस्ट डाला, जिसे पीना पूजा बिल्कुल पसंद नहीं करती थी। लेकिन मम्मी की डांट से बचने के लिए उसे पीना पड़ता था। हेल्दी नाश्ता बनकर रेडी था। अब बस पूजा के आने का इंतजार था।

आज कोचिंग का पहला दिन था। कोचिंग जाने के लिए वह बहुत एक्साइटेड थी। दो मिनट में ही नहाकर बाहर निकली। क्लास शुरू होने में बस दस-बारह मिनट ही बाकी रह गए थे। लेकिन भगवान की पूजा करना भी उसके लिए बहुत ज़रूरी था, जिसे वह कभी नहीं टालती। उसने सबसे पहले स्टडी रूम में जाकर जल्दी से गणेश जी के सामने दीपक जलाया और हाथ जोड़कर आंख बंद करके मन ही मन प्रार्थना करने लगी।

"आज कोचिंग क्लास ज्वाइन करने का मेरा पहला दिन है। सफलता, बल, बुद्धि, विद्या के प्रदाता, मैं आपसे क्या मांगूं? आपके सामने खड़े होते ही तन-मन के अंदर एक पॉजिटिव एनर्जी क्रिएट हो जाती है। हे प्रभु! अपनी

कृपादृष्टि हमेशा बनाए रखना; सभी प्राणियों को सुख-शांति प्रदान करना।"

बाद में उसने गणेश जी को तिलक लगाया और खुद भी अपने माथे पर लगाया। फिर मुस्कराकर प्रार्थना संपन्न की।

"प्रार्थना संपन्न हुई कि नहीं?" तभी किचन से मम्मी की आवाज़ सुनाई दी।

"पूजा रेडी हुई कि नहीं अभी तक, जल्दी करो देर हो रही है।" मधु ने दोबारा आवाज दी।

पूजा ने ज़ोर से आवाज़ लगाकर जवाब दिया, "हाँ, मम्मी। बस हो गया।"

इतना कहकर उसने जल्दी से आईने के सामने खड़े होकर अपने बाल बनाए। बाल बनाकर निहारते हुए पंजाबी कुर्ती के दुपट्टे को सही से सेट किया और एक बार ठीक से खुद को आईने में देखा और किचन में मम्मी के पास चली गई। मधु, पूजा के हाथ में परांठा देते हुए बोली-

"अब ये रोज़मर्रा की रूटीन होगी तेरी। टाइम मैनेजमेंट की आदत डाल ले पूजा। ज़्यादा देरी मत किया कर।"

"आई अंडरस्टैंड मम्मी।"

मम्मी के हाथों से परांठा लेकर साइड में रखी हुई एक चेयर पर बैठते हुए बोली।

गरमा-गरम एक परांठा खाने के बाद मम्मी का बनाया हुआ दूध पीने लगी। दूध पीते हुए वह बोली-

"मम्मी आप रोज मुझे इतना खिलाएंगी -पिलाएंगी तो मैं कितनी मोटी हो जाऊंगी, थोड़ा कम खिलाया करो मम्मी।"

"हेल्दी दूध पीने से कोई मोटा नहीं होता। अच्छा हेल्दी खाना खाएगी तो हेल्दी रहेगी और हेल्दी रहेगी तो तुम्हारा दिमाग भी हेल्दी रहेगा और तेज़ चलने लगेगा, समझी मेरी बात को।"

पूजा को समझाते हुए मधु ने वाटर फिल्टर से पानी की बोतल भरी।

"हाँ, मेरी सुपर पावर माता जी सब समझ गई।"

पूजा ने दूध खत्म कर मम्मी के हाथ से पानी की बोतल लेकर बैग में रखी। फिर मधु भी दो मिनट में तैयार हुई। उसे पूजा को कोचिंग छोड़ने जाना था। इन दोनों माँ-बेटी की आवाज सुनकर शिवा भी नींद से जाग गए।

"अरे, यह क्या! तुम दोनों तो रेडी हो गए। मुझे जल्दी से उठाना चाहिए था न।"

"गुड मॉर्निंग! पापा।" पूजा, अपने पापा के पास जाकर बोली।

"गुड मॉर्निंग! बिटिया। रुको, मैं अभी तैयार होता हूँ, हम साथ में जाएंगे।"

"पापा हम लेट हो जाएंगे। आप फिर कभी छोड़ने आना। आज मैं मम्मी के साथ चली जाती हूँ।" पूजा घड़ी में टाइम देखते हुए बोली।

"मम्मी तो रोज़ छोड़ने आएगी बेटा, लेकिन पापा थोड़ी न आएंगे।"

"अच्छा ठीक है, लेकिन जल्दी करो पापा, देर हो रही है।"

"बस अभी दो मिनट में रेडी होता हूँ।"

शिवा फ्रेश होकर तुरंत अपनी बेटी के साथ कोचिंग क्लास के लिए निकले। साथ में मधु भी थी। वे लोग माहेश्वरी प्लस करियर सेंटर की बिल्डिंग में पहुंचे, जहाँ आज दूसरे चरण के बच्चों की क्लास लगने वाली थी।

आज बच्चों का कोचिंग क्लास का पहला दिन था, मानों आज से लेकर दो साल तक बच्चे सफलता की एक-एक सीढ़ी चढ़ने वाले थे। उनके साथ उनके पैरेंट्स भी मौजूद थे।

एक ओर सभी बच्चे कोचिंग क्लास की सीढ़ियां चढ़ रहे थे, तो दूसरी ओर उनके पैरेंट्स लोग वहीं सीढ़ियों के पास रुककर बच्चों की तरफ देखे जा रहे थे, किसी पैरेंट्स की आंखें नम थीं, तो कोई पलकों पर गिरे आंसू छुपा रहा था। कई पैरेंट्स भावुक होकर बच्चों की फोटो, वीडियो बनाकर यह अविस्मरणीय क्षण अपने मोबाइल में कैद कर रहे थे।

कोचिंग सेंटर के टीचर, स्टूडेंट और पैरेंट्स में, एक ऐसा केयरिंग वाला प्यार का रिश्ता झलक रहा था, जो एक-दूसरे के साथ अनोखे बंधन में जुड़ा था।

इस वक्त बच्चों के साथ सभी पैरेंट्स बहुत एक्साइटेड थे, क्योंकि आज से बच्चों की ज़िंदगी का नया दौर शुरू होने वाला था, जो उन्हें सफलता की ओर लेकर जाने वाला था।

इधर शिवा और मधु भी भावुक हो चुके थे। पूजा कोचिंग क्लास की सीढ़ियों पर चढ़ रही थी और मधु पीछे से उसका वीडियो बना रही थी, जिसमें कोचिंग क्लास का नाम भी दिखाई दे रहा था और पूजा कोचिंग के स्टूडेंट के यूनिफॉर्म में दिखाई दे रही थी।

"मधु यह वीडियो मुझे सेंड करना। जब भी मुझे पूजा बिटिया की याद

आएगी, मैं इस वीडियो में देखा करूंगा।" शिवा भावुक हो गए थे।

बच्चे के कोचिंग क्लास में जाने के बाद कई पैरेंट्स अपने बच्चों के बारे में पूछताछ करके एक-दूसरे से जान-पहचान बढ़ा रहे थे। किसके बच्चे को कौन सी बैच मिली वगैरा-वगैरा। कोई पीजी रूम के बारे में बात कर रहा था तो कोई हॉस्टल रूम की बात कर रहा था। हर कोई अपना अच्छा-बुरा अनुभव एक-दूसरे से साझा कर रहा था।

गौर करने वाली बात यह थी कि पैरेंट्स भारत के अलग-अलग राज्यों से थे। उनकी बोली और भाषाएं भी अलग-अलग शैली की थीं जैसे- बंगाली, बिहारी, ओडीशा, मराठी गुजराती, राजस्थानी, कश्मीरी, हरियाणवी, झारखंडी आदि। लेकिन जब वे एक-दूसरे से बातचीत कर रहे थे तो ऐसा लग रहा था, कि वे सभी लोग बरसों से एक-दूसरे को जानते होंगे। बातों में इतनी मिठास और अपनापन था।

कई पैरेंट्स नीचे लगे बोर्ड पर नोटिस पढ़ने लगे। उन बोर्डों पर कई सारी जेईई, नीट की इनफार्मेशन थी, जिसे पढ़कर आसानी से क्लास का शेड्यूल पता चल जाता था। कोचिंग की हर अपडेट इन्हीं बोर्डों पर लगती थी।

थोड़ी देर वहाँ बैठने के बाद शिवा और पूजा अपने रेसिडेंसी लौटे। मधु का नहाना भी बाकी था तो उसने तुरंत नहा लिया और खाना बनाने लगी, क्योंकि शिवा को आज महाराष्ट्र वापस जाना था। चार दिन की छुट्टी यूं ही देखते-देखते खत्म हो चुकी थी।

आखिर, दो साल का सवाल था...!

मधु, कोटा आते वक्त शिवा को हिम्मत दे रही थी, "आप हमारी चिंता मत करो, सिर्फ अपना ख्याल रखना।" लेकिन अब जैसे -जैसे शिवा के जाने का वक्त नज़दीक आने लगा, मधु उदास होने लगी। आंखों में आंसुओं का समंदर था। उसने आंसुओं की लहरों को रोकने की कोशिश की, मगर लहरों का तूफान रुकने का नाम नहीं ले रहा था। मधु, मुंह से कुछ बोल नहीं पा रही थी लेकिन उसके आंसू, शिवा को कितना याद करेंगे, ये बयां कर रहे थे, जो छुपा कर भी छुपने वाले नहीं थे। आखिर दो साल का सवाल था।

"हे, मधु। ऐसा रोएगी तो कैसे चलेगा, मैं क्या सात समंदर पार थोड़ी जा रहा हूँ! हर महीने आता रहूंगा। तू सिर्फ अपना और पूजा का अच्छे से ख्याल रखना। पैसों की चिंता मत करना, मैं हूँ न।" शिवा ने मधु के आंसू पोंछे और उसे गले लगा लिया।

"आप वहाँ कैसे रहेंगे, यही सोच रही हूँ। आपने आज तक कभी बाहर का खाना नहीं खाया। आपकी तबीयत बिगड़ गई तो!" मधु का चेहरा मुरझाया हुआ था।

"अरे, डोन्ट वरी। इतना दिमाग मत लड़ा और मेरी फ़िक्र न कर यार, मुझे कुछ नहीं होगा; पुलिसवाला हूँ। हमारे लिए बच्चों का फ्यूचर सबसे ज़्यादा ज़रूरी है। ये दो-तीन साल हमने हमारे बच्चों के लिए दे दिए न, तो हमारे बच्चों की लाइफ बन जाएगी। समझ रही है न मेरी बात को?"

"सही कह रहे हो जी, हम अपने ही बारे में सोचेंगे तो बच्चे कैसे आगे बढ़ पाएंगे? चिंता मत करो जी , मैं पूजा की देखभाल में कोई कमी नहीं छोडूंगी और खुद का भी ख्याल रखूंगी।" मधु ने एक लंबी सी सांस ली और हल्के से मुस्करा दी।

"आज से यहाँ की भाग-दौड़ तुझे ही संभालनी है, मधु।"

यह वक्त ही ऐसा था, कभी मधु शिवा को समझाती, तो कभी शिवा मधु को। दोनों आपस की कड़ियां जोड़ रहे थे।

बातों-बातों में बारह बज चुके थे। मधु ने शिवा का टिफिन पैक किया। लेकिन खाना अभी बाकी था, मधु ने तुरंत खाने की प्लेट लगाई। व्यंजन में पनीर की सब्ज़ी, रोटी थी। फिर दोनों ने एक साथ खाना खाया।

शिवा की ट्रेन को अभी दो घंटे बाकी थे। तो उसने सोचा, पूजा से मिलता चलूं।

पूजा की कोचिंग क्लास डेढ़ बजे छूटने वाली थी और शिवा की ट्रेन ढाई बजे थी। शिवा मधु के साथ पूजा की कोचिंग क्लास पहुंचे। कुछ ही मिनट में कोचिंग क्लास के बच्चे गेट से बाहर निकलने लगे। शायद बच्चों की क्लास छूटी थी। दोनों पूजा का इंतज़ार कर रहे थे, तभी बच्चों की भीड़ में से पूजा भी गेट के बाहर आई। पूजा ने अपने मम्मी-पापा को गेट के सामने ही खड़ा पाया। शिवा ने भीड़ में पूजा का ध्यान खींचते हुए आवाज़ लगाई-

"हे, पूजा।"

पूजा अपने पापा से मिली। मिलते ही सबसे पहले पापा के पांव छुए। शिवा ने तुरंत पूजा के कंधों से किताबों से भरी बैग उतारी और अपने कंधों पर ले ली।

"पापा आप जा रहे हो?"

"हाँ बेटा, जाना पड़ेगा। अपना और मम्मी का ख्याल रखना।" शिवा ने छाता खोला और पूजा को छांव देते हुए चलने लगे।

तीनों चलते-चलते रोड के पास आकर खड़े हो गए। शिवा ने एक ऑटो रोकी और उसे डकनिया स्टेशन छोड़ने के लिए बोला। शिवा ने पूजा की बैग मधु को सौंप दी और ऑटो में बैठकर विदा ली।

"अच्छा चलता हूँ, अपना ख्याल रखना।" शिवा ने मधु की ओर देखा और ऑटो आगे डकनिया तालाब स्टेशन के लिए रवाना हो गया।

शिवा के स्टेशन के लिए रवाना होने के बाद, दोनों माँ-बेटी भी रेसिडेंसी की ओर चली आईं।

"मम्मी, हम पापा को बहुत मिस करेंगे।"

मधु ने पूजा का मूड ऑफ देखा। फिर उसे समझाने लगी।

"डोन्ट वरी बेटी, तुम्हारे पापा भी सुपर पावर हीरो हैं।" फिर दोनों माँ-बेटी

हंसने लगीं। पूजा को हंसते हुए देखकर मधु को सुकून महसूस हो रहा था।

बातें करते-करते दोनों रेसिडेंसी पहुंचीं। बहुत गर्मी हो रही थी, इस कारण रूम के अंदर आते ही पूजा ने सबसे पहले कूलर का स्विच ऑन किया। मधु ने पहले से ही पूजा के रोज़ के कपड़े टेबल पर रखे हुए थे। पूजा ने स्कूल यूनिफार्म चेंज किया।

“मम्मी जल्दी से खाना परोसना, ज़ोरो की भूख लगी है।”

“पहले मुंह हाथ धो ले बेटी।” मधु एक प्लेट में खाना लगाते हुए बोली।

बाथरूम आकर पूजा ने सबसे पहले नल खोला तो उसे जो डाउट था वही हुआ, नल में पानी नहीं आ रहा था। वह वापस से रूम में चली आई।

“मम्मी, पानी नहीं आ रहा। रोज़मर्रा की प्रॉब्लम!” पूजा, मधु की तरफ देखने लगी। पूजा को इस रूम में अनकंफरर्टेबल लग रहा था।”

मधु ने पूजा का चेहरा पढ़ लिया था। मधु आगे कुछ नहीं बोली। उसने हाथ में मोबाइल लिया और शिवा को कॉल किया।

इस ओर डकनिया स्टेशन पर, शिवा की ट्रेन ठीक पांच मिनट पहले ही आई थी। शिवा ने जनरल डिब्बे का टिकट निकाला। अक्सर जनरल डिब्बे में बहुत ज़्यादा भीड़ होती है, इसलिए वे जगह बनाने में लग गए, इसलिए कॉल नहीं उठाया।

शिवा ने कॉल नहीं उठाया तो मधु चिंतित हो गई।

“क्या हुआ होगा? उन्होंने कॉल क्यों नहीं उठाया?”

अपनी मम्मी को टेंशन में देख पूजा से रहा नहीं गया, उसने मधु से पूछा-

“क्या हुआ मम्मी?”

“पापा फोन नहीं उठा रहे हैं।”

तभी मधु के मोबाइल की रिंग बजी। मधु बहुत खुश हो गई और एक्साइटमेंट में किसका फोन आया है, यह देखे बिना ही फोन उठाया और बोली-

“हैलो! क्या हुआ जी? आपने कॉल रिसीव क्यों नहीं किया?”

“हैलो! मम्मी किसका कॉल है? और किसने कॉल रिसीव नहीं किया?” मधु की बात सुनकर उधर राज भी कन्फ्यूज हो गया था।

“हैलो! राज बेटा तू बोल रहा है क्या? बेटा मैंने पहले आपके पापा को कॉल लगाया था, मगर उन्होंने कॉल रिसीव नहीं किया।”

"मम्मी, पापा ट्रेन में होंगे और ट्रेन में काफी भीड़ होती है। कभी-कभी नेटवर्क चला जाता है, आप टेंशन मत लो। पापा थोड़ी देर में कॉल करेंगे। ये बताओ, आप लोग ठीक हो न?"

"हाँ, बेटा। हम लोग बिल्कुल ठीक हैं, तू यहाँ की टेंशन मत ले, सिर्फ अपने खाने-पीने पर और पढ़ाई पर ध्यान दे।" मधु को राज की भी चिंता लगी रहती थी।

"अच्छा मम्मी, रखता हूँ। बाद में कॉल करूंगा।"

"ठीक है बेटा। अपना ख्याल रखना।"

कुछ दिन बाद

बलवंत के साथ उसके स्कूटी पर सोनाक्षी भाभी मधु से मिलने आई। पूजा स्टडी कर रही थी तो वे लोग किचन में ही बैठे। मधु ने उन लोगों की महाराष्ट्रीयन व्यंजनों से खातिरदारी की, फिर उन्होंने थोड़ी देर गपशप की। कुछ देर रुककर वे लोग वहां से चले गए।

इधर स्टडी रूम में पूजा पढ़ाई कर रही थी। टेबल पर माहेश्वरी प्लस कोचिंग के पीसीएम बुक्स पड़े थे। सामने की दीवार पर पेरोडिकल टेबल चार्ट चिपका था, जो क्लास में मिला था, उसकी मदद से पूजा आसानी से ट्रिक बनाकर फॉर्मूले याद रख सकती थी। क्लास में फिज़िक्स का चैप्टर पढ़ाया जा रहा था। पूजा थ्योरी समझ कर चैप्टर के नीचे दिए गए प्रश्नों को सॉल्व करने का प्रयास कर रही थी और जिस प्रश्न में उसे डाउट लग रहा था, उस पर पेंसिल से टिक मार्क कर रही थी।

मधु ने देखा पूजा स्टडी कर रही है, तो उसे डिस्टर्ब करना उचित नहीं समझा।वह किचन में ही एक चेयर पर बैठी और सामने पड़ी एक किताब उठाकर पढ़ने लगी। कुछ देर बाद पूजा को देखने उसके स्टडी रूम के अंदर आई।

पूजा के स्टडी रूम में आने के बाद मधु पूजा की हालत देख सोच में पड़ गयी थी। उसने पीछे से देखा, पूजा स्टडी करते-करते मोबाइल में कोचिंग के माहेश्वरी प्लस ऐप पर चोपड़ा सर का वीडियो देखकर केमिस्ट्री का कोई कॉनसेप्ट समझने की कोशिश कर रही थी लेकिन, नेटवर्क की प्रॉब्लम की वजह से, बीच-बीच में नेटवर्क टूट जा रहा था। वह परेशान होकर मोबाइल

इधर-उधर घुमा रही थी और ऊपर से वेंटिलेशन की प्रॉब्लम ! भीषण गर्मी के आगे कूलर की हवा भी काम नहीं कर रही थी।

मधु ने पूजा की ऐसी हालत देखी तो बहुत दुखी हुई लेकिन उसके पास जाकर उससे पूछने की हिम्मत नहीं हुई। वह इस सिचुएशन के बारे में सोचने लगी-

"काश, अब शिवा होते तो ज़रूर कुछ न कुछ निर्णय लेते।"

पूजा की परेशानी देख इस वक्त मधु ने ठान लिया, कुछ भी हो जाए मैं ऐसे हाथ पर हाथ धरे नहीं बैठ सकती और न ही इस रूम में पूरा एक महीना निकाल सकती हूँ। उसके लिए मुझे अभी से शुरुआत करनी पड़ेगी। आखिर मेरी बेटी का सवाल है।

मधु ने पीछे से पूजा को आवाज़ दी, "बेटी, मैं ज़रा ऊपर के फ्लोर पर जाकर आती हूँ, तुम अंदर से दरवाज़े की कुंडी लगा लेना।"

"अच्छा ठीक है मम्मी। जल्दी आना।"

"किसी ने दरवाज़े को दस्तक दी, तो मत खोलना बेटी। अंदर से ही पूछ लेना कि क्या काम है? कहना, मम्मी के आने के बाद आना। सुरक्षा के लिए ये बातें बहुत ज़रूरी हैं बेटा, कभी किसी अनजान शख्स पर बिना जान-पहचान भरोसा नहीं करना और न किसी को अपना मोबाइल नंबर देना। कोई इमरजेंसी रही तो मुझे तुरंत कॉल करना।"

"हाँ मम्मी समझ गई। डोन्ट वरी।"

पूजा चेयर से उठी, फिर दरवाज़े के पास आकर अंदर से दरवाज़ा बंद कर लिया।

मधु सीढ़ियों से फर्स्ट फ्लोर पर चली आई। फर्स्ट फ्लोर पर दो कमरे दिखाई दिए, जहाँ एक में ताला लगा था और दूसरे कमरे के दरवाज़े के पास अंदर से सिलाई मशीन की आवाज़ आ रही थी। शायद कोई कपड़ा सिल रहा था। पास जाने के बाद उसे रीमा नज़र आई, जो लेडीज़ कपड़े सिल रही थी। रीमा का ध्यान मधु की ओर गया।

"अरे भाभी अंदर आओ ना। कुछ काम था क्या?"

"अभी नहीं दीदी, बाद में आऊंगी। सिर्फ मुझे इतना बताओ कि, इस फ्लोर पर कोई रूम खाली है क्या?"

"इस फ्लोर पर तो कोई रूम खाली नहीं है। शायद आपको ऊपर मिल

जाएंगे। अभी पिछले हफ्ते तीन-चार बच्चे रूम खाली करके गए। एक बार देखकर आओ भाभी।"

"अच्छा,देखती हूँ। ठीक है। थैंक यू, दीदी।"

"पसंद आए तो बताना भाभी, हम आंटी जी से बात कर लेंगे।"

"थैंक यू दीदी।" मधु मुस्कराई और ऊपर दूसरे फ्लोर पर चली गई।

मधु ने सेकंड फ्लोर पर आने के बाद देखा कि वहाँ कई सारे कमरे थे। सेकंड फ्लोर ग्राउंड फ्लोर से अलग टाइप का था, एक ही साइड पर सभी कमरे थे और सामने सभी के बाथरूम। नज़दीक ही सबका एक कंबाइन वाटर फिल्टर लगा था, जहाँ से एक औरत पानी भर रही थी। मधु, उस औरत को देखकर उसके पास चली आई।

"नमस्ते भाभी। मैं मधु।"

"नमस्ते! मैं सुमन।" भाभी ने मुस्कराकर जवाब दिया।

"आप यहाँ रहते हो?" मधु ने पूछा।

"हाँ, आप ग्राउंड फ्लोर पर रहने के लिए आए हो न?"

"हाँ, भाभी।"

"क्या हुआ? आप परेशान दिख रही हो भाभी।" सुमन को मधु परेशान लग रही थी।

"रूम की प्राब्लम। मेरी बेटी को कंफर्टेबल लगे, ऐसा रूम ढूंढ़ना चाहती हूँ, सोचा पहले यहाँ ऊपर एक नज़र डाल लूं।" मधु ने इधर-उधर रूम की तरफ नज़रें घुमाते हुए कहा।

"क्या हुआ भाभी? नीचे कंफर्टेबल नहीं लग रहा है क्या?"

"काफी सारी परेशानियां फेस कर रहे हैं।" मधु के चेहरे पर उदासी झलक रही थी।

"इतने अंदर के रूम में रहोगे तो दिक्कत आएगी ही! वेंटीलेशन ज़रूरी होता है, भाभी। नहीं तो दम घुटने लगता है।"

"हाँ, वही तो।" मधु ने जवाब दिया।

"इस अनजान शहर में हम अकेली औरत लोग कहाँ रूम ढूंढ़ें भाभी?"

झारखंड वाली भाभी की बातों से लग रहा था कि मेरे जैसी सिचुएशन से शायद यह भी गुजरी होगी।

"आपकी नज़र में कोई रूम..?"

"इस फ्लोर पर दो सिंगल रूम खाली थे लेकिन अभी कल ही दो बच्चे आए। आपको थर्ड फ्लोर पर रूम मिल जाएगा, वहाँ काफी सारे रूम खाली पड़े हैं।"

"ठीक है भाभी। थैंक यू! अच्छा चलती हूँ।"

मधु सीढ़ियां चढ़कर थर्ड फ्लोर पर चली आई। मधु ने आज फैसला कर लिया था, कुछ भी हो जाए लेकिन बेटी के लिए अच्छा रूम ढूंढ़ कर ही रहूंगी।

वहाँ थर्ड फ्लोर पर काफी सारे रूम खाली पड़े थे और आश्चर्य की बात यह थी, कि किसी भी रूम में ताला नहीं लगा था। सिर्फ कुंडी लगाई हुई थी। थर्ड फ्लोर पूरा खाली देख मधु को थोड़ी देर के लिए डर लगा। उसने सोचा, ऐसी सुनसान जगह अकेले घूमना खतरे से खाली नहीं! क्या करूं? वापस चली जाती हूँ। मन ही मन सोच रही थी, तभी उसके मन में अपनी बेटी का ख्याल आया और मधु का संघर्ष आगे बढ़ा।

मधु ने एक-दो रूम में झांक कर देखा तो उनमें सिंगल दो-दो बेड रखे हुए थे और उन पर काफी धूल जमा थी। जैसे छह महीनों से रूम बंद पड़े हों। देखने से थर्ड फ्लोर बॉयज़ हॉस्टल जैसा लग रहा था। मधु को इस वक्त सुमन भाभी की बातें याद आ रही थीं कि, यहाँ पहले कई परिवार रहते थे।

मधु हिम्मत करके आगे बालकनी के कमरे तक पहुंची। उसने पीछे मुड़कर देखा तो उसे प्रतीत हुआ कि बंद कमरों की लंबी लाइन लगी हुई थी, लगभग सात आठ कमरे थे, जिसे वह पार करके यहाँ तक पहुंची। जिन सीढ़ियों को चढ़कर वह थर्ड फ्लोर पर आई थी वे भी काफी पीछे छूट गई थीं। अब तो मधु की सिट्टी-पिट्टी गुम हो चुकी थी। डर के मारे उसके पैर कांपने लगे थे। इस वक्त वह थर्ड फ्लोर के आगे की बालकनी के पास आकर खड़ी थी।

मधु ने धीरे से बालकनी का दरवाज़ा खोला। दरवाज़ा खोलते ही बाहर की फ्रेश हवा मधु से टकराई और उसके बाल बिखरने लगे। कोटा में आने के बाद का यह पहला ऐसा क्षण था, जब उसे इतनी राहत मिली थी। फिर मधु दो मिनट के लिए आगे बालकनी में आकर खड़ी रही। वहाँ बहुत फ्रेश लग रहा था, फिर उसने नीचे झुक कर देखा तो वहां काफी सारी भीड़-भाड़ वाली वही सड़क नज़र आई, जिस पर से दोनों माँ-बेटी कोचिंग आया- जाया

करती हैं। मधु को बालकनी में बहुत अच्छा लग रहा था।

इतनी देर बालकनी में खड़ी रहने के बाद, मधु ने बालकनी के पास वाले रूम को खोलकर देखा; बड़ा अच्छा रूम था; बड़ी-बड़ी दो खिड़कियां भी थीं। मधु एक खिड़की के पास गई और उसने खिड़की खोली तो अंदर हवा का झोंका आया। एक खिड़की में बालकनी से कूलर लगा हुआ था। रूम में लाइट के बिना ही उजाला था। दो बेड और चेयर थे। मधु ने उसी वक्त सोचा, मेरी बेटी को यहाँ बहुत अच्छा और कंफर्टेबल लगेगा। कोई डिस्टर्ब नहीं करेगा और पढ़ाई भी शांति से होगी। अभी उसे जाकर बताती हूँ।

मधु तुरंत थर्ड फ्लोर की सीढ़ियां उतरकर नीचे सेकंड फ्लोर तक पहुंची। तभी सुमन भाभी ने रोक लिया।

"क्या हुआ भाभी रूम पसंद आया कि नहीं?"

"आगे के रूम अच्छे हैं भाभी लेकिन पूरा फ्लोर खाली पड़ा है, थोड़ा डर भी लग रहा है।"

"डरने की कोई बात नहीं भाभी। मैं तो इस रूम में तीन साल से रह रही हूँ। पहले अपने बेटे को पढ़ाया, उसका आईआईटी का सिलेक्शन हुआ, अब एक साल से बेटी को लेकर आई हूँ। सेकंड फ्लोर के आगे के रूम में ही रहती हूँ। शुरुआत में रूम अच्छे नहीं मिले, लेकिन बाद में यहाँ आने के बाद कोई रूम चेंज नहीं की भाभी। बड़ा कंफर्टेबल रूम है और वैसे भी ऊपर डरने वाली बात तो है ही नहीं। हमारा आना-जाना चालू ही रहता है।"

"सभी रूम तो बंद हैं फिर आप ऊपर...?"

"हम ऊपर टेरेस पर कपड़े सुखाने जाते हैं और मेरी बेटी भी ऊपर टेरेस में पढ़ाई करती है भाभी, कोई डिस्टर्ब करने वाला नहीं होता।"

"फिर बंद क्यों पड़ा है, भाभी?"

"अभी तो बच्चे आएंगे। यह दूसरा चरण है। और पांच-छह चरण होंगे तब एक भी कमरा खाली नहीं मिलेगा, भाभी।"

"अच्छा ठीक है। चलती हूँ भाभी। बेटी नीचे इंतज़ार कर रही होगी।"

मधु ऊपर से ग्राउंड फ्लोर पर आई, अपने रूम के पास आकर दरवाज़े को दस्तक दी। पूजा अंदर स्टडी कर रही थी, उसने दरवाज़े की दस्तक सुनी और चेयर से उठकर उसने दरवाज़े की कुंडी खोली और अपनी मम्मी से सवाल किया, "मम्मी काफी देर लगा दी आपने, क्या करने गई थी ऊपर।"

"बिटिया मैं रूम देखने गई थी।"

"फिर...?" पूजा चुपचाप मम्मी की तरफ देखने लगी।

"मुझे थर्ड फ्लोर में एक रूम कंफर्टेबल लगा बेटी, लेकिन पूरा फ्लोर खाली पड़ा है। हम कल तुम्हारा क्लास छूटने के बाद देखने जाएंगे। अगर तुम्हें पसंद आया तो फिर आगे का सोचेंगे।"

"वेंटीलेशन है मम्मी?" पूजा को इस रूम में सांस की भी दिक्कत हो रही थी।

"बालकनी के पास का रूम है; रूम के अंदर फ्रेश हवा आती है। एक बार चल कर देख लेंगे, तो तेरी समझ में आ जाएगा।"

"ठीक है मम्मी जाकर देखेंगे।"

शाम छह बजे पूजा स्टडी खत्म करके फ्री हुई। तो मम्मी की बातों पर सोचने लगी और मम्मी से बोली, "मम्मी रूम देखना है तो अभी चलो। बाद में मैं बिज़ी हो जाऊंगी।"

मधु मुस्कराई और फिर दोनों माँ-बेटी रूम देखने ऊपर थर्ड फ्लोर पर चली आईं। मधु ने पूजा को वह रूम दिखाया। पूजा रूम के अंदर आकर खड़ी रही और रूम के चारों तरफ देखने लगी। उसे रूम काफी अच्छा लगा। पूजा रूम से निकली और बाहर बालकनी में कुछ पल के लिए खड़ी रही तो उसे ताजगी महसूस हुई। मधु भी पास आकर खड़ी हो गई। वह तुरंत मम्मी से बोली, "मम्मी हो सके तो यह रूम फाइनल कर लो।"

"बेटी थर्ड फ्लोर पूरा खाली है। यहाँ तुम्हें डर तो नहीं लगेगा? हम दिन तो निकाल लेंगे लेकिन रात को कैसे रह पाएंगे?"

"मम्मी लगता है आपने हॉरर फिल्म ज़्यादा ही देख ली है।" पूजा अपनी मम्मी की बातों पर हंसने लगी।

"हंसो मत। मुझे जो लगा, वही मैंने तुझे बताया। बाद में पछताना न पड़े।"

"अब चलो यहाँ से। देखते हैं, आगे क्या करना है।"

फिर दोनों माँ-बेटी नीचे अपने कमरे में चली आईं।

रात के बारह बज चुके थे।

पूजा अभी भी स्टडी टेबल पर पढ़ाई कर रही थी। एक ओर कूलर चल रहा था, दूसरी ओर मधु कुछ पुराने ज़माने के सरकारी दस्तावेज़ ट्रांसलेट

कर रही थी, जो मुड़िया लिपि में लिखे थे। मधु मुड़िया लिपि ट्रान्सलेटर थी।

मधु ने घड़ी में टाइम देखा और पूजा से बोली, "बेटी अब सो जा। सुबह जल्दी उठकर पढ़ाई करना। सुबह दिमाग शांत रहने के कारण पढ़ाई भी अच्छी होती है।"

"थोड़ी देर और मम्मी। चाहो तो आप सो जाओ।"

मधु को नींद आने लगी थी। उसने दस्तावेज़ साइड में रख दिए और सोने से पहले वह मोबाइल के फोटो गैलरी में फैमिली के फोटो देखने लगी। मधु इस वक्त शिवा और राज को मिस कर रही थी।

थोड़ी देर बाद पूजा ने स्टडी खत्म की और मम्मी के पास सोने के लिए चली आई।

"कल ही सामान डाल देते हैं, आपका क्या ख्याल है मम्मी?"

"देखेंगे कल। तू फिक्र मत कर। तू सिर्फ अपनी पढ़ाई पर फोकस कर बेटी।"

पूजा मन में बड़बड़ाई, "यहाँ की घुटन से तो अच्छा है ऊपर के रूम में रह लें मम्मी।"

"सो जाओ अब।" मधु पूजा के बालों पर हाथ फेरने लगी तो पूजा को नींद आ गई।

रात काफी हो चुकी थी, फिर दोनों माँ-बेटी सो गईं।

दूसरे दिन सुबह छह बजे मधु पूजा को छोड़ने कोचिंग क्लास गई। छोड़कर वापस आते ही उसने जल्दी से खाना बना लिया और फर्स्ट फ्लोर पर रहने वाली रीमा से मिली।

"दीदी आप से कुछ पूछना था।"

"पूछिए न भाभी।"

"दीदी मैं ऊपर सामान शिफ्ट करना चाहती हूँ क्या आंटी जी परमीशन देंगी? आप तो आंटी जी के करीबी हो न, आपको यहाँ के नियम पता होंगे।"

"बेशक! आप कभी भी कोई भी रूम में सामान डाल सकते हो। आंटी जी मना नहीं करेंगी लेकिन आपको एक बार आंटी जी से बात करनी पड़ेगी।"

"अभी बात कर लो दीदी?"

"लेकिन आंटी जी तो घर पर नहीं हैं, दस-पंद्रह दिनों के लिए अपने लड़के के पास गुड़गांव गई हैं। आंटी तो अब आपको दस दिन बाद ही मिलेंगी।"

“अब क्या करूं?” मधु सोचने लगी थी।

“आप आंटी जी से कॉल करके बात कर लो भाभी।”

“ठीक है दीदी।”

रीमा से पूछताछ करने के बाद मधु वापस आई। आते ही आंटी जी को कॉल किया और ऊपर के रूम में शिफ्ट करने के बारे में बताया तो आंटी जी मान गईं।

तभी सामने वाली भाभी पानी भरने के लिए आई।

“आप कहाँ चली जात हो भाभी? हमरा पानी खतम होई गवा तो अब भर लेत हैं।”

“अच्छा, ठीक है। भर लो भाभी।”

मधु ने किचन का ताला खोला और जल्दी से खाना भी बना लिया। उसके बाद किचन का सामान दो-तीन बड़ी थैलियों में पैक किया। स्टडी रूम का सामान भी थैलियों में पैक करके उसने सामने वाले रूम पर दस्तक दी, जहाँ आंटी जी के मुंह बोले भाई के अलावा श्याम भी रहता था। दरवाज़े को दस्तक देने के बाद अंदर से श्याम बाहर आया।

“भाभी कुछ काम था क्या?”

“भैया, आंटी जी का आपको कॉल आया था क्या?”

“हाँ, लेकिन आपको खुद ही रूम की सफाई करनी पड़ेगी। कोई दूसरा काम हो तो बोल देना।”

“सामान ऊपर रखवाने में मदद करोगे?”

“यह काम तो हमारा नहीं है। आपको खुद ही करना पड़ेगा।”

“अच्छा ठीक है। सिलेंडर तो ऊपर रखवा सकते हो भाई?”

“ठीक है, कब रखवाना है?”

“अभी रख दो और हाँ.. वो कूलर भी चेक कर लेना। खामखां बाद में परेशानी हो।”

इतना बोलकर मधु ने समय गंवाए बिना ऊपर जाकर दोनों कमरों की सफाई की। एक स्टडी रूम और उसके सामने एक किचन था। तुरंत एक-एक करके सभी सामान ऊपर के कमरे में रखवा दिया। कमरे में पूरा सामान लगाने में काफी सारा टाइम निकल चुका था। मधु बहुत थक चुकी थी। उससे अब चला भी नहीं जा रहा था, क्योंकि ग्राउंड फ्लोर से थर्ड फ्लोर

और थर्ड फ्लोर से ग्राउंड फ्लोर सीढ़ियां चढ़ते-उतरते वह थक कर चूर हो चुकी थी।

यह कोई आसान बात नहीं थी। मधु की हालत तो बहुत खराब हो चुकी थी। एक अकेली औरत के लिए सामान शिफ्ट करना किसी चैलेंज से कम नहीं था। लेकिन अपनी बेटी की खातिर मधु ने यह कर दिखाया। आखिर बेटी को कंफर्टेबल लगना ज़रूरी था।

घड़ी में लगभग एक बज चुका था। थोड़ी देर में पूजा को लेने के लिए भी जाना था। किचन और स्टडी रूम में सामान लगाने के बाद मधु ने एक बार पूरे रूम पर नज़र डाली, बिल्कुल फ्रेश लग रहा था। बस नीचे थोड़ा बहुत सामान बाकी था। मधु ने मन में सोचा, अब पूजा आएगी तो मैं उसे सरप्राइज़ दूंगी।

फिर मधु पूजा के स्टडी टेबल के पास गई और चेयर पर बैठी, जहाँ बाहर से फ्रेश हवा आ रही थी। उसने एक लंबी सांस भरते हुए कंफर्टेबल फील किया और बड़बड़ाई-

"पूजा आज बहुत खुश हो जाएगी।"

पूजा का विचार मन में आते ही वह हड़बड़ा कर चेयर से उठी और पूजा को पिक-अप करने जाना था तो तुरंत फ्रेश होकर तैयार हुई। उसने दोनों रूम पर ताला लगाया और कोचिंग क्लास चली आई।

पूजा की क्लास छूटने का टाइम हो चुका था। बच्चे गेट से बाहर निकल रहे थे। मधु ने पूजा को पहले ही बता रखा था कि क्लास छूटने के बाद तुरंत मम्मी को कॉल करना। तो गेट से बाहर निकलते ही पूजा ने अपनी मम्मी को कॉल किया।

"हैलो! मम्मी आप कहाँ हो?"

मधु सामने खड़ी पूजा को ही देख रही थी। वह पूजा से बोली-

"रुक वहीं। मैं तेरे पास आती हूँ।"

फोन रखते ही मधु, पूजा के पास गई। पूजा ने छाता खोला और दोनों चलते हुए रेसिडेंसी आने लगीं। मधु का ध्यान आइसक्रीम की दुकान की ओर गया। उसे लगा-

गर्मी बहुत हो रही है, पूजा का आइसक्रीम खाने का जी करता होगा। कुछ ठंडा खिला देती हूँ।

मधु, पूजा को आइसक्रीम की दुकान पर लेकर आई।

"पूज़ा आइसक्रीम यहीं खाना है या पैक करा लें?"

"मम्मी घर पर खाएंगे।"

"भैया, दो वनीला आइसक्रीम पैक करके दो।"

मधु ने दुकानदार को फोनपे किया, और पूजा के हाथों में आइसक्रीम की थैली दी। फिर दोनों अपने रेसिडेंसी आने लगीं। चलते -चलते पूज़ा, मम्मी को ऑब्जर्व कर रही थी, फिर बोली-

"मम्मी आज कुछ खास बात तो है , आज बड़ी खुश लग रही हो।"

इस खुशी के पीछे मम्मी की एक और खुशी छुपी थी, अपनी बेटी को कंफर्टेबल देखना और उसके लिए मधु को कितना संघर्ष करना पड़ा, इस बात को पूजा नहीं जानती थी।

पूजा की बातों पर हंसकर मधु ने कहा, "घर चल। फिर पता चलेगा।"

पूजा को लगा मम्मी ने ज़रूर कुछ अमेज़िंग किया होगा क्योंकि वह यह बात बखूबी जानती थी कि, मेरी मम्मी सबसे अलग हैं, वह कुछ न कुछ करती ही रहती हैं, खाली बैठने वालों में से नहीं।

पूजा मुस्कराई, "मत बताओ मम्मी।"

रेसिडेंसी जाने के बाद, पूजा ग्राउंड फ्लोर के रूम की तरफ जाने लगी, तभी मधु उसे रोक कर बोली-

"यहाँ नहीं बिटिया, ऊपर के रूम में।"

"क्या मम्मी! ऊपर..! कब और कैसे? तुमने अकेले यह सब कैसे किया। मम्मी, अनबिलिएबल!"

"चल ऊपर चलते हैं।" मधु ने पूजा का हाथ पकड़ा और दोनों थर्ड फ्लोर के रूम में आ गए।

मधु के रूम का ताला खोलने के बाद, पूजा ने रूम में एंट्री की तो उसे पूरा रूम सेट किया हुआ दिखाई दिया। रूम को इतना सुंदर सेट किया हुआ देखकर पूजा की आंखें फटी की फटी ही रह गईं। वह आश्चर्य से बोली-

"मम्मी आपने इतना अकेले कैसे कर लिया रुकना चाहिए था न, मेरे आने के बाद, हम दोनों मिलकर सामान शिफ्ट कर लेते। आपने खामखा इतनी तकलीफ़ की।"

"नीचे थोड़ा सा सामान बाकी है, खाना खाने के बाद मैं ऊपर लेकर आऊंगी।"

“डोन्ट वरी मम्मी हम दोनों मिलके ले लाएंगे।”

“हां ठीक है। वह सब छोड़, पहले फ्रेश हो ले। तब तक मैं खाना परोसती हूँ।”

खाना परोसते समय मधु मन ही मन सोचने लगी-

“बेटी मैं तुम्हें और परेशान नहीं देखना चाहती थी। तेरी सेफ्टी और तुझे कंफर्टेबल रखना मेरे लिए ज़्यादा ज़रूरी था, इसलिए मैंने यह रिस्क उठाया।” फिर मधु अपने आप मुस्कराई।

दोनों बातें करते-करते खाना खाने बैठीं।

“मम्मी, रूम बहुत बढ़िया लग रहा है बिल्कुल साइलेंट, बिना लाइट के भी रूम में कितना उजाला है। बाहर से फ्रेश हवा आ रही है मम्मी।” पूजा बहुत एक्साइटेड हो गई थी।

“यहाँ मैं अच्छे से पढ़ाई कर पाऊंगी, थैंक यू, मम्मी।” पूजा ने लाड़ दिखाते हुए अपनी मम्मी के गालों पर किस किया।

“अब लाड़-प्यार बहुत हो गया। प्लेट में रोटी ठंडी हो रही है, खाने की तरफ ध्यान दो।”

दूसरी ओर, शिवा ड्यूटी से घर आ गए थे और मैस का टिफिन खोलकर खाने के लिए बैठे थे, लेकिन उन्हें अकेले खाना खाने की आदत नहीं थी। हमेशा मधु के साथ खाना खाते थे। आज अकेले खाने का मन नहीं कर रहा था, तो उन्होंने तुरंत वीडियो कॉल किया।

इधर, ये लोग भी खाना खाने ही बैठे थे। तभी मोबाइल की रिंग बजी। पूजा ने तुरंत पापा का फोन रिसीव किया और अपने पापा को देखते ही एकदम खुश हो गई।

“कैसी हो बिटिया?”

“मैं बिल्कुल ठीक हूँ पापा, आप कैसे हो?”

“अच्छा हूँ। और ये क्या! आप लोग कहाँ बैठे हो? मुझे तो अलग ही रूम नज़र आ रहा है।”

“पापा हमने रूम चेंज कर लिया।”

“रूम चेंज कर लिया ..! कहाँ और कैसे मुझे तो आपकी मम्मी ने कुछ नहीं बताया।”

“अच्छा, मम्मी को फोन दो ज़रा।”

मधु ने पूजा के हाथ से मोबाइल लिया और शिवा से बात करने लगी।

"बोलिए जी, कैसे हो आप?"

"मैं ठीक हूँ, यह बता तू कैसी है?"

"मैं भी ठीक हूँ।"

"और यह क्या, तुमने रूम कैसे चेंज किया? वह भी किसी की मदद के बिना। पागल हो गई क्या, बीमार पड़ गई तो?"

"कुछ नहीं होता मुझे। आप ही तो सुपर पावर वूमन बोलते हो न!"

"रूम कैसा है?

"बहुत अच्छा है।"

"क्या बिटिया को पसंद आया?"

"बहुत खुश है।"

"चलो अच्छा है फिर।"

"उस वक्त ऊपर वाला रूम नहीं देखा था, पहले ही देख लेता तो आज तुझे इतना कष्ट नहीं उठाना पड़ता।"

"छोड़ो उस बात को।"

"अच्छा, आप लोग खाना खा लो फिर बात करेंगे।"

"हाँ, ठीक है । बाय-बाय!"

खाना खाने के बाद पूजा स्टडी करने बैठी तो दो बजे से लेकर छह बजे तक वह पढ़ती रही, बिना किसी रुकावट के।

आज पूजा को इतना मन लगाकर पढ़ाई करते देख मधु को बहुत अच्छा लग रहा था। छह बजे के बाद पूजा अपनी स्टडी से थोड़ी फ्री हो गई थी तो थोड़ी देर के लिए दोनों मां-बेटी नज़दीक के गार्डन में चले गए, साथ में बैडमिंटन खेलने का कोर्ट था। पढ़ाई के साथ शारीरिक एक्टिविटी भी ज़रूरी होती है और इससे दिमाग ताजा रहता है, इस बात को दोनों मां-बेटी अच्छी तरह समझती थीं। इसलिए दोनों थोड़ी देर बैडमिंटन खेलती रहीं।

आधे-पौने घंटे के बाद, वे अपने रूम में वापस चली आईं। पूजा फिर से स्टडी करने बैठी। थर्ड फ्लोर पर दोनों माँ-बेटी के अलावा और कोई नहीं रहता था, तो भी वे दोनों खुश थीं, क्योंकि उनका मानना था कि वे यहाँ पढ़ाई के लिए आई हैं तो उसी पर फोकस करना ज़रूरी है।

थोड़ी देर में सुमन भाभी और रीमा, मधु से मिलने ऊपर आईं। दोनों

को देखकर मधु खुश होकर मुस्कराई लेकिन, अंदर बुलाने के लिए थोड़ा हिचकिचाई, क्योंकि बेटी पढ़ाई कर रही थी और मधु उसे डिस्टर्ब नहीं करना चाहती थी। इस बात को सुमन भाभी अच्छी तरह से समझती थीं, क्योंकि उन्हें भी अपने बच्चों को पढ़ाने का तीन साल का अनुभव था, तो सुमन भाभी ने कहा, "भाभी ये साइड का रूम खाली है न, हम वहां चलकर बातें करते हैं, चलो।"

मधु ने मन ही मन सुमन भाभी को थैंक्स कहा, फिर तीनों बगल के रूम में बातें करने लगे।

"भाभी आपने स्टडी रूम और किचन बहुत अच्छे से सेट किया।" रीमा ने कहा।

"वैसे आंटी जी को आपने ऊपर से किराया कुछ बढ़ाकर दिया क्या?"

"नहीं सुमन भाभी, आंटी जी बोलीं, कोई दिक्कत नहीं जो नीचे दे रही हो, ऊपर का भी उतना ही दे देना।"

"अच्छा...!"

"क्यों? क्या हुआ भाभी? आप किस सोच में पड़ गईं?"

"कुछ नहीं ऐसे ही।" इतना कहकर सुमन भाभी मुस्करा दीं।

"मुझे लगता है, मैं भी अपनी बेटी को यहीं ऊपर किसी एक रूम में पढ़ाई के लिए भेज दिया करूं। वह शांति से पढ़ाई कर पाएगी।"

"हाँ, ज़रूर भाभी। भेज देना वैसे हम लोग तो हैं ही ऊपर।"

थोड़ी देर बातें करने के बाद, सुमन और रीमा वहाँ से चली गईं।

ऊपर थर्ड फ्लोर के रूम में रहते हुए दोनों माँ-बेटी को लगभग आठ दिन हो चुके थे। दोनों शांति से रह रहे थे। कोई परेशानी नहीं थी। सिर्फ बीच-बीच में बच्चा लोग आते थे और सब ठीक है, यह देख कर चले जाते थे। कभी-कभार कोई रूम देखने आता था और चला जाता था, तो कभी कोई किरायेदार नीचे के फ्लोर से ऊपर टेरेस पर कपड़े सुखाने आ जाती थी, इसके अलावा शांति ही शांति थी। दोनों मां-बेटी की ज़िंदगी में शांति भरा जीवन कुछ दिनों का मेहमान बन के आया था और मेहमान की तरह ही चले जाने वाला था।

कुछ दिन बाद, आंटी जी का कॉल आया।

"राधे !राधे ! भाभी जी कैसे हो?"

"अच्छी हूँ, आंटी जी आप कैसे हो?"

"खाटू श्याम बाबा की कृपा, मैं भी मज़े में हूँ।"

"भाभी जी मैंने आपको इसलिए कॉल किया था कि आप अब कौन से रूम में रह रहे हो?"

"आपको बताया तो था आंटी जी, आगे बालकनी वाले रूम में।"

"आपको उस रूम में रहना है तो ज़्यादा किराया देना होगा भाभी।"

"ऐसे कैसे ज़्यादा दे दें आंटी जी? आपने तो बोला था, 'जो नीचे दे रहे हो, वही ऊपर दे देना।' अचानक से आप ये कैसी बातें कर रहे हो! मैंने इस रूम में कितनी मेहनत से सामान डाला आंटी जी; आपका रूम पता नहीं कितने महीनों से बंद पड़ा था। धूल, मिट्टी, बाकी का सामान, सबकी मैंने खुद सफाई की और रूम रहने के काबिल बनाया।"

"वह आपकी प्रॉब्लम है, मुझे बस किराया ज़्यादा चाहिए, नहीं तो वह रूम मैं किसी दूसरे को देने वाली हूँ। वह मुझे साढ़े आठ हज़ार रुपए देने वाला है। अगर आप देती हैं तो रूम आप रख लो लेकिन उसमें आपको किचन नहीं मिलेगा, किचन के लिए अलग से पैसे देने होंगे।"

"आप ऐसे अचानक अपनी ज़ुबान से कैसे मुकर सकती हो? आपको ये सब पहले बताना चाहिए था न। अब ऐसा मत करो आंटी जी, हमने सामान डाला है तो हमें ही रहने दो।"

"नहीं तो आप एक काम करिए, आपने जितना किराया नीचे दिया है, उतने ही किराए में ऊपर के थर्ड फ्लोर पर ही सबसे पीछे वाला रूम ले लो, एक्स्ट्रा पैसे देने की ज़रूरत नहीं पड़ेगी।"

"नीचे के पीछे वाले रूम से छुटकारा पाकर तो हम इतना ऊपर रहने आए हैं आंटी जी और आप हमें फिर से पीछे वाला रूम दिखा रही हो, जहां न तो वेंटिलेशन है, न ही नेटवर्क आता है। हम वहां कैसे रह लें? आपको यह बात पहले बता देनी चाहिए थी आंटी जी, हम ऊपर आते ही नहीं। बाहर कहीं अच्छा रूम ढूंढ़ लेते।"

मधु इस वक्त बहुत गुस्से में थी, लेकिन रूम के लिए गुस्सा कंट्रोल कर के आंटी से शांत दिमाग से बात कर रही थी।

"मुझे कुछ नहीं पता, मैं कल वापस आ रही हूँ, कल तक मुझे आगे वाला रूम खाली चाहिए, वहाँ कोई रहने के लिए आ रहा है।" यह बोलकर

आंटी ने फोन काट दिया।

आंटी जी की यह बात सुनकर मधु के पैरों तले ज़मीन खिसक गई थी। उसे कुछ समझ में नहीं आ रहा था कि, अब क्या किया जाए और इस बारे में बेटी को कैसे बताए। वह उसे फिर से परेशान नहीं देखना चाहती थी। उसके मुंह से निकला, "हे भगवान! अब तू ही कुछ रास्ता दिखा।"

मधु की काटो तो खून नहीं वाली स्थिति हो चुकी थी।

दूसरे दिन मधु पूजा को कोचिंग क्लास छोड़ने के बाद वापस आते ही पीछे वाले रूम की साफ-सफाई करने में लग गई, उस रूम का किचन कबाड़खाने जैसा था। वहां टूटे-फूटे कूलरों के अलावा काफी सारा पुराना सामान पड़ा था। वह रूम आज तक किसी ने यूज़ नहीं किया था शायद। मधु के लिए बाहर तुरंत कोई रूम ढूंढ़ना संभव नहीं था। इस शहर में पंजाबी भाभी की फैमिली के अलावा और किसी को जानती भी नहीं थी। उसे डर था कि वापस कहीं मुसीबत में न फंस जाए।

तभी आंटी जी की एक काम वाली ऊपर आई, उसकी उम्र लगभग पचास-पचपन के आस-पास होगी। वह आंटी जी के रेसिडेंसी में झाड़ू- पोछा लगाती थी और हफ्ते में एक बार, थर्ड फ्लोर पर आकर आगे वाले हॉल में भी झाड़ू- पोछा लगाती थी। उस दिन वह, ऊपर हॉल की सफाई करने ही आई थी। लेकिन, उसने मधु की हालत देखी; उससे मधु का कष्ट देखा नहीं गया। उस कामवाली काकी ने मधु की सहायता करना चाहा। उसने दोनों कमरे साफ कर दिए और मधु के साथ मिलकर आगे के कमरे का सामान पिछले कमरे में डालने में मदद की और प्यार से दिलासा देते हुए बोली-

"जब तक अच्छा कमरा नहीं मिल जाता बिटिया, तब तक इसी कमरे में रह लो। मैं बहुत जगह काम करने जाती हूँ, कोई अच्छा कमरा मिलेगा तो तुम्हें ज़रूर बताऊंगी।"

मधु ने काकी का बहुत आभार व्यक्त किया। और काकी वहाँ से चली गईं।

दोनों कमरों की सफाई हो गई थी, अब सिर्फ कूलर पड़े थे, जिसे उठाने के लिए मधु ने आंटी जी के बच्चों को कहा था। उन्होंने ऊपर आकर सारे कूलर पोर्च में रख दिए और चले गए।

मधु ने कमरे में पूरा सामान सेट कर लिया था। उसके बाद थोड़ी देर इस

कमरे में बैठकर माथे को हाथ लगाते हुए सोचने लगी-

"एक वो आंटी जी हैं, जिसने कुछ सोचे बिना हमें कमरा खाली करने के लिए बोल दिया और एक ये कामवाली काकी जी, जिसने कुछ सोचे बिना रहमदिली से मधु की मदद की। आदमी पैसे वाला हो या गरीब, इससे कोई फर्क नहीं पड़ता, लेकिन आदमी में इंसानियत होनी चाहिए, जो आज मधु को कामवाली काकी में नज़र आई थी।

मधु ने अब फैसला कर लिया था, चाहे कुछ भी हो जाए, वह दो-चार दिन के अंदर कोटा की हर गली छान मारेगी और बेटी के लिए अच्छे कमरे की तलाश करेगी।

इन सब बातों से शिवा बिल्कुल अंजान थे। मधु ने शिवा को तकलीफ देना सही नहीं समझा क्योंकि वे देश के प्रति अपनी पुलिस की ड्यूटी निभा रहे थे। मधु तो सिर्फ पूजा को संभाल रही थी लेकिन शिवा दिन-रात एक करके समाज की सुरक्षा की खातिर अपना कर्तव्य निभा रहे थे।

इसीलिए अब जो कुछ भी करना था, मधु को ही करना था। शिवा ने मधु को जो काम सौंपा था, उसे वह हर हाल में अंजाम देकर और यहाँ से जीत हासिल करके ही वापस जाने वाली थी, अब पीछे हटने वाली नहीं थी।

रोज़ की तरह दोनों माँ-बेटी क्लास छूट्ने के बाद, रेसिडेंसी पहुंचीं। गेट के पास आने के बाद मधु पूजा से बोली, "बेटा तेरे लिए आज एक सरप्राइज़ है।"

"क्या सरप्राइज मम्मी?"

"ऊपर चल, फिर बताती हूँ।"

दोनों माँ-बेटी तीसरी मंज़िल पर आए। आते ही मधु पीछे वाले कमरे का ताला खोलती, उससे पहले ही पूजा आगे की बालकनी वाले कमरे में जा पहुंची। वह कमरे के अंदर गई तो उसने देखा, रूम में सामान नहीं है। पूजा को उसका स्टडी टेबल भी नज़र नहीं आया। वह भागते हुए पिछले कमरे की ओर आई, जहाँ मधु ने आज सामान शिफ्ट किया था। पूजा ने इस कमरे में आते ही पूरे कमरे पर नज़र घुमाया। कमरा बिल्कुल ग्राउंड फ्लोर के जैसा ही था। पूजा, मधु की तरफ चकित होकर देखने लगी । मधु जानबूझ कर अपनी पलकें नीचे झुकाए पूजा को अनदेखा करके प्लेट में खाना परोसने लगी। मधु को समझ नहीं आ रहा था कि वह बेटी को कैसे समझाए और

क्या जवाब दे। पहले से ही उसे पढ़ाई की इतनी ज़्यादा टेंशन थी।

"ये सब क्या है मम्मी, यह था आपका सरप्राइज़? मम्मी, वह इतना अच्छा कमरा था तो फिर आपने बदला क्यों? मेरे बारे में कुछ तो सोचा होता!"

पूजा ने थोड़ी देर गुस्सा किया, लेकिन वह काफी समझदार थी, इस वक्त उसने गुस्से पर काबू कर लिया। उसे लगा, पिछले हफ्ते मम्मी ने इतने कष्ट से बालकनी के कमरे में सामान डाला था, ऐसे ही नहीं छोड़ सकती ज़रूर कुछ वजह होगी।

"बेटा आपको मैं सारी बातें बाद में समझाऊंगी, पहले अब आप खाना खा लो, भूख लगी होगी।" मधु ने पूजा की बात को टालते हुए कहा।

पूजा कुछ नहीं बोली सिर्फ नम आंखों से मम्मी की तरफ देख मन ही मन बड़बड़ाई,

"आप पर क्या गुस्सा करूं माँ, आप मेरे लिए जो भी कष्ट उठा रही हो, उसे चुकाने के लिए मुझे यह जन्म तो क्या, सात जन्म भी कम पड़ जाएंगे।"

फिर पूजा फ्रेश होकर कुछ सवाल किए बिना चुपचाप खाना खाने के लिए बैठ गई। खाना खाते वक्त पूजा को एहसास हुआ कि मम्मी ने भी अभी तक कुछ नहीं खाया होगा।

"आपको नहीं खाना मम्मी?"

"भूख तो ज़ोरों की लगी है, लेकिन जी नहीं कर रहा।"

मधु के चेहरे पर रूठने वाले भाव दिखाई दे रहे थे, जिसे पूजा अच्छी तरह समझ रही थी।

"अरे मैंने खामखां मम्मी को इतना सुना दिया। मम्मी नाराज़ हो गई शायद। अब मुझे ही मम्मी को मनाना पड़ेगा।" पूजा मन ही मन मुस्कराकर बोली।

"अरे मेरी प्यारी माँ, चलो आज मैं अपने हाथों से तुम्हें खिलाती हूँ। याद है? बचपन में आप मेरे पीछे खाने की प्लेट लेकर पूरे घर का चक्कर लगाती थी।"

"हाँ, याद है और पापा की नन्ही परी इधर-उधर छुप जाती थी। तब पापा आपको छुपाने में मदद करते थे। आप लोग न ..हमेशा ही मुझे परेशान करते आए हो।" मधु फिर से नाराज़ हो गई।

पूजा ने मम्मी के मूड को देखते हुए मम्मी के लिए खाने की प्लेट लगाई और अपने हाथों से मम्मी को निवाला खिलाते हुए बोली,

"मेरी प्यारी माँ, अगर तू रूठ गई तो ये कायनात-अंबर-धरती सब रूठ जाएंगे। कयामत आ जाएगी..! फिर आपको मनाने भगवान शिव जी को धरती पर आना पड़ेगा। बाप रे!.. इतना सब कुछ होगा! इससे अच्छा ये है.. कि आप गुस्सा थूक दो।"

पूजा की बातों पर मधु की हंसी छूट गई और वह ज़ोरों से हंस पड़ी। फिर दोनों माँ-बेटी हंसने लगीं। हा हा हा ! और खुशियों का माहौल बन गया। पूजा को अपनी मम्मी को इस तरह खुलकर हंसते हुए देखकर बहुत अच्छा लग रहा था। कमरे में खुली हवा के बिना भी मानों दोनों एक-दूसरे के लिए वेंटिलेशन का काम कर रही थीं।

दूसरे दिन सुबह मधु और पूजा माहेश्वरी प्लस फोर के बिल्डिंग में आईं, क्योंकि पूजा की आज से यहीं क्लास लगने वाली थी। यह बिल्डिंग ज़्यादा दूर नहीं थी, माहेश्वरी प्लस से कुछ ही मीटर की दूरी पर थी।

"मम्मी, मुझे आज पांच-दस मिनट देर हो सकती है, क्योंकि केमिस्ट्री के कुछ डाउट क्लियर करने हैं। आप मुझे लेने पांच-दस मिनट लेट आइएगा।"

"ठीक है बेटा, अब आप क्लास में जाओ।"

पूजा की क्लास तीसरी मंज़िल पर लगती थी। वह सीढ़ियों से चढ़कर तीसरी मंज़िल पर चली गई। नीचे कई सारे पैरेंट्स चेयर पर बैठे थे, मधु भी थोड़ी देर उनके साथ बैठ गई। फिर उनकी बातचीत शुरू हुई।

"आप कहाँ से हो भाभी?" उनमें से एक ने मधु से पूछा।

"मैं महाराष्ट्र से हूँ भाभी और आप?"

मधु जब बात कर रही थी तो सभी पैरेंट्स उसी की ओर देखने लगे। तभी उनमें से एक महिला ने कहा,

"भाभी जी आप महाराष्ट्र के हो, फिर भी कितनी अच्छी तरह से हिन्दी बोल लेती हो।"

"हमारी भाषा मराठी है भाभी जी, पर हमें सभी भाषाओं का थोड़ा-बहुत ज्ञान होना चाहिए और हिन्दी तो हमारी राष्ट्रभाषा है, यह सभी को आनी चाहिए। वैसे हमारे यहाँ पांचवीं कक्षा से लेकर बारहवीं कक्षा तक हिन्दी का एक सब्जेक्ट होता था। यहाँ आकर आप लोगों से और बहुत कुछ सीखने

को मिल रहा है, भाभी जी।"

"अरे हम भी आपके जैसे हैं भाभी..! यहाँ कोटा आकर हम मदर्स को काफी कुछ नया सीखने को मिल रहा हैं।" एक अन्य महिला ने कहा।

मधु की बात सबके मन को भा गई थी। फिर थोड़ी देर तक सभी ने अपना-अपना परिचय दिया। उनमें एक मोहपात्रा भाभी थी, जो महाराष्ट्र के नागपुर शहर से थीं। वह दिल की बहुत अच्छी थीं और बहुत सारी बातें किया करती थीं। जनरल नॉलेज तो कूट-कूट भरा था उनके अंदर, सारी दुनिया की जानकारी थी उन्हें। वह इतनी प्यारी और मजेदार बातें करती थीं, कि कई घंटे तक भी सामने वाला इंसान बोर नहीं होता था। लेकिन यहाँ वक्त किसके पास था, हर कोई अपने-अपने बच्चे में मग्न था।

लेकिन एक बात बड़ी मज़े की थी, हर पैरेंट्स आते ही एक-दूसरे से बातें करते, एक-दूसरे के बच्चों के बारे में पूछताछ करते, क्लास और पढ़ाई के बारे में चर्चा करते कि क्या सही और क्या गलत है वहाँ। हर माँ अपने बच्चे के भविष्य के बारे में पढ़ाई को लेकर चिंतित थी। जितना सीरियस बच्चे थे, उतनी ही सीरियस माताएं भी थीं, जो बच्चों के साथ कोटा रहने आई थीं।

यहाँ कोटा आकर माताएं अपने बच्चों को कोचिंग क्लास भेजने के बाद भगवान की पूजा करने मंदिर चली जाती थीं। सुबह-सुबह कई मंदिरों में घंटे की गूंज सुनाई देती थी। माताएं वहाँ इतनी ज्यादा पूजा-पाठ करती थीं जैसे उन्हें इससे पहले कभी मौका ही न मिला हो। सड़कों पर चलते हुए जब बालाजी के मंदिरों की ओर नज़र पड़ती थी तो कई स्टूडेंट बालाजी के दर्शन के लिए आते हुए दिखाई देते थे। कोई हनुमान चालीसा पढ़ता था तो कोई सुंदरकाण्ड तो कोई मन्नत मांगता अच्छा रिज़ल्ट पाने के लिए।

कोटा नगरी की एक और खास बात यह भी थी, कि यहाँ जगह -जगह बालाजी (हनुमान जी), श्री गणेश जी, शिव-पार्वती, श्याम जी-माता रानी के मंदिर मौजूद थे। ईश्वर की पूजा करने के लिए किसी को भी दूर जाने की ज़रूरत नहीं पड़ती। यहाँ के प्रशासन ने हर एक एरिया में अपना एक खास गार्डन और भगवान का मंदिर बनवाया था। पूजा-पाठ करने में हर किसी को आसानी हो जाती थी। इतना ही नहीं, छात्रों को तनाव मुक्त करने और शांति प्रदान करने के लिए इस्कॉन, आर्ट ऑफ लिविंग जैसे आध्यात्मिक स्थान भी थे।

यह कोटा नगरी शिक्षा की नई काशी तो थी ही, मगर मधु को सर्वगुण संपन्न 'स्वर्ग की काशी' लगती थी। शिक्षा की नगरी कोटा स्वर्ग जैसी सुंदर थी। यहाँ चप्पे-चप्पे पर कुछ विशेषताएं दिखती थीं। रीवर फ्रंट हो या त्रिकुटा मंदिर, पर्यटक यहाँ की अद्भुत खूबसूरती देखकर दीवाने हो जाते थे और शिवधाम जैसे पांच सौ पच्चीस ज्योतिर्लिंग के दर्शन करके अपना जीवन सफल बनाते थे। मधु की नज़रों में बसा ऐसा था खूबसूरत कोटा शहर!

मधु सभी पैरेंट्स से मिलने के बाद कोटा की खूबसूरत सड़कों को निहारते हुए अपने रेसिडेंसी वापस आई। फर्स्ट फ्लोर की सीढ़ियां चढ़ ही रही थी कि रीमा दीदी ने उसे रोक लिया और कुछ पूछने लगी-

"भाभी क्या हुआ? उसने आगे के रूम में रहने के लिए मना कर दिया न!"

"आपको कैसे पता चला दीदी?" मधु ने अभी तक किसी को नहीं बताया था, इसलिए वह सोच में पड़ गई कि इन्हें कैसे पता चला।

"वो सुमन भाभी आई थी न, वही बता रही थी।"

"मैं तो उससे मिली नहीं, फिर...?" मधु मन ही मन सोचने लगी।

"अच्छा, आंटी जी ने कॉल करके बताया होगा।"

"आपको एक बात बोलूं भाभी जी?" रीमा के दिमाग में कुछ चल रहा था।

"हाँ, बोलो न दीदी।" मधु ने उत्सुकता से कहा।

"मैंने सुना, आप जिस आगे वाले कमरे में रहती थीं न, वहाँ सुमन भाभी रहने के लिए आने वाली हैं, शायद उसने आंटी से बात की होगी।"

ओह! रेसिडेंसी में खिचड़ी कहाँ पक रही थी, यह बात मधु के अभी ध्यान में आई।

"क्या हुआ भाभी? चौंक गए न! यह बात सुनकर मैं भी ऐसे ही चौंकीं थी। पैसे के लिए लोग किस हद तक गिर सकते हैं भाभी।"

रीमा को आंटी जी का स्वभाव बिल्कुल पसंद नहीं था। लेकिन वह आंटी जी की बेटी की क्लोज़ फ्रेंड थी, इसीलिए कम किराए में रहने को मिल रहा था तो चुपचाप से अपनी ज़िंदगी काट रही थी।

"हर किसी का अपना स्वभाव होता है, उसे हम बदल तो नहीं सकते न दीदी।"

"आप दिल की बहुत अच्छी हैं भाभी। इतना सब कुछ होने के बाद भी आंटी जी को अच्छा कह रही हो। आप दिल की बहुत अच्छी हैं, इसलिए मैं आपको दूसरा रूम ढूंढ़ने में ज़रूर मदद करूंगी भाभी।" रीमा को मधु बहुत अच्छी लगती थी, इसलिए वह मधु की मदद करना चाहती थी।

रीमा की बातें सोचते हुए मधु सेकंड फ्लोर की सीढ़ियां चढ़ रही थी तभी पीछे से आवाज़ आई, "भाभी रुको।"

मधु सीढ़ियां चढ़ते-चढ़ते रुक गई। सुमन की आवाज़ थी। आवाज़ सुनकर उसने पीछे मुड़कर देखा तो नीचे सुमन खड़ी थी। उसे देखकर मधु ने कहा-

"हाँ, बोलो भाभी कुछ काम था क्या?"

"भाभी आपने वह कमरा खाली कर लिया क्या?"

"हाँ! क्यों? उस रूम में कोई किराएदार रहने के लिए आ रहा है क्या?" मधु ने जानबूझकर सवाल किया।

"पता नहीं, मैंने तो बस ऐसे ही पूछ लिया।"

"अच्छा ठीक है। तो मैं चलूं भाभी?"

सुमन ने सिर हिलाकर हाँ में जवाब दिया।

मधु उसकी बातों से मन ही मन मुस्कराते हुए ऊपर चली आई। बाथरूम में सुबह के कुछ कपड़े पड़े थे, उन्हें धोकर ऊपर टेरेस पर सुखाने के लिए डाले और नीचे आकर किचन में खाना बनाने लगी । किचन के बेसिन में सुबह के नाशते के काफी सारे बर्तन पड़े थे। मधु बर्तन साफ करने लगी, लेकिन बेसिन का पानी निकल नहीं रहा था तो मधु ने नीचे झुककर बेसिन के पाइप को हिलाने की कोशिश की तो पाइप एकदम से निकलकर हाथ में आ गया..! और किचन के फर्श पर पानी ही पानी फैल गया।

बात यहाँ तक ही नहीं रुकी, आंटी जी ने किचन में वेंटिलेशन के लिए खिड़की लगा रखी थी, तो पानी का बहाव बहुत तेज़ था। मधु एक कपड़े से पानी रोककर पोंछने की कोशिश कर रही थी लेकिन नहीं रुका। सीधे खिड़की से नीचे के फ्लोर में जाकर गिरा, जहाँ एक किरायेदार का किचन था और वह लेडी नीचे आटा गूंध रही थी, पानी उसमें जाकर गिरा। जैसे ही पानी गिरा ,वह औरत ज़ोरों से मधु पर गुस्सा होकर चिल्लाने लगी..!

"ये भाभी, आपने मेरे किचन में जानबूझकर पानी फेंका। मेरा खाने का

पूरा सामान बर्बाद कर दिया। आपको इसकी भरपाई करनी पड़ेगी।"

"भाभी मैंने जानबूझ कर नहीं किया। वो तो आंटी जी का बेसिन का प्रॉब्लम है, पानी नहीं निकलता। मैं पाइप हिलाने गई तो ये सब हो गया। इसके लिए मैं आपसे माफी चाहती हूँ, भाभी।"

मधु से अनजाने में जो हुआ, उसके लिए वह नीचे वाली भाभी से माफी मांग रही थी। लेकिन वह सुने तो न! फिर वह अपने बेटे और पति को साथ लेकर तुरंत मधु के किचन में आई और ज़ोर-ज़ोर से झगड़ा करने लगी। उसका पति भी गुस्सा करने लगा।

थर्ड फ्लोर पर मधु रूम में अकेली थी। मदद के लिए किसी को पुकारती तो उसकी आवाज़ सुनने वाला वहाँ इन लोगों के सिवा दूसरा कोई नहीं था। तो उसने हौंसला रखते हुए स्थिति को हैंडल किया और उन लोगों से माफी मांगी। फिर वे लोग मधु के किचन से चले गए।

यह घटना होने के बाद, मधु कुछ वक्त के लिए बहुत दुखी हो गई। एक-एक करके मुसीबतें सामने आ रही थीं और मधु उनसे निपटते-निपटते मजबूत होती जा रही थी। एक-एक घटनाएं मधु को कुछ न कुछ सिखा कर जा रही थीं। मधु को उससे काफी कुछ सीखने को मिल रहा था।

फिर अपना मूड फ्रेश करने मधु थोड़ी देर के लिए आगे की बालकनी में चली आई। कुछ देर तक बालकनी में शांत खड़ी होकर नीचे सड़क की ओर पलकें झुकाए आती-जाती गाड़ियों को निहारने लगी, आजकल की ज़िंदगी ट्रैफिक से भरी सड़कों की तरह हो गई है। इस भागा-दौड़ी की ज़िंदगी जीते-जीते इंसान ने सुख चैन खो दिया है। मधु मन ही मन सोच रही थी तभी उसने मोबाइल में टाइम देखा, पूजा को लेने के लिए जाना था।

तब मधु को याद आया कि आज पूजा डाउट क्लियर करने के लिए जाने वाली थी। उसे केमिस्ट्री के कुछ प्रश्न माहेश्वरी प्लस फोर के डाउट टीचर की मदद से सॉल्व करने थे, जिससे उसे देरी होने वाली थी। फिर मधु ने सोचा-

"क्यों न घर से थोड़ा जल्दी निकल जाऊं, माहेश्वरी प्लस फोर के साइड के एरिया में कोई रूम भी देख लूंगी।" उसने ऐसा सोचा और तुरंत माहेश्वरी प्लस फोर बिल्डिंग के पास आकर खड़ी रही। सामने से मोहपात्रा आती हुई दिखाई दी। मोहपात्रा की नजर मधु पर पड़ते ही वह उसके पास आई और बोली-

"अरे मधु, आज बेटी को इतना जल्दी लेने आ गई!"

"हाँ! मुझे इधर के एरिया में कुछ काम था तो चली आई।"

"तू भी तो जल्दी आ गई।"

"हाँ, बेटी को बुखार था, तो उसे जल्दी घर लेकर जाती हूँ। उसका मैसेज था, मम्मी जल्दी लेने आओ।"

"अच्छा किया, लेकिन क्या हुआ बेटी को?"

"वही हमेशा की तरह चार दिन के पीरियड्स की प्रॉब्लम। उसका पेट बहुत दुख रहा था और बुखार चढ़ गया।"

"अरे उसे अच्छे से डॉक्टर के पास दिखा। इस दौरान बच्ची को अच्छे से पौष्टिक खाना खिला और आराम करने दे।"

"हाँ वही करती हूँ।" इतना कहकर मोहपात्रा वहाँ से चली गई।

क्लास छूटने को अभी आधा-पौना घंटा बाकी था तो मधु माहेश्वरी प्लस फोर बिल्डिंग के पीछे वाले एरिया में चली गई। वहाँ उसने दो-चार रूम देखे लेकिन उसे पसंद नहीं आए। बेटी की क्लास छूटने का अभी टाइम हो रहा था तो मधु माहेश्वरी प्लस फोर बिल्डिंग वापस चली आई। कुछ देर में बच्चों की क्लास छूटी और सब बच्चे सीढ़ियों से नीचे उतरने लगे।

माहेश्वरी बिल्डिंग फोर के अंदर कुर्सियां डाली हुई थीं, मधु थोड़ी देर वहाँ पर बैठी और पूजा का इंतजार करने लगी। वैसे पूजा को आज लेट होने वाला था। तो मधु ने अपने मोबाइल में व्हाट्सएप ओपन किया। उसमें एक ग्रुप पर भगवद्गीता कैसे पढ़ी जाती है, भगवद्गीता का सार क्या है, यह सीखने का एक लिंक दिखाई दिया। मधु ने उस पर क्लिक किया और एक फॉर्म ओपन हुआ। मधु ने उसे अच्छे से पढ़ा, फिर उसे भरा और गीता परिवार से जुड़ गई। मधु को कुछ न कुछ नया सीखने में बहुत दिलचस्पी थी और उसकी कई दिनों से इच्छा थी कि उसे संस्कृत में भगवद्गीता पढ़नी आनी चाहिए। आज उसकी तमन्ना पूरी हो गई।

थोड़ी देर में सीढ़ियों से पूजा नीचे ग्राउंड फ्लोर पर आई और आते ही अपनी मम्मी को कॉल करने लगी। तभी मधु ने आवाज़ लगाई,

"बेटा मैं इधर हूँ।"

मम्मी की आवाज़ सुनकर पूजा का ध्यान मम्मी की ओर गया। मधु सीढ़ियों की साइड पर ही खड़ी थी। दोनों माँ-बेटी बिल्डिंग के बाहर निकलीं।

"बेटी कैसी रही आज की क्लास? तूने डाउट सॉल्व किए कि नहीं?"

"हाँ मम्मी, कर लिए। घर पर करती तो टाइम वेस्ट हो जाता और पढ़ाई अधूरी रह जाती।"

"अच्छा किया। पढ़ते समय कोई भी डाउट लगे तो यहाँ माहेश्वरी प्लस फोर बिल्डिंग में आकर सॉल्व कर लिया कर और तू जितना ज़्यादा प्रैक्टिस करेगी, उतना तेरे लिए ईज़ी होता जाएगा।"

"प्रैक्टिस पर ही फोकस कर रही हूँ, मम्मी।"

"और हाँ, रूम का टेंशन तू मत ले, वो प्रॉब्लम भी जल्दी सॉल्व हो जाएगी। तू सिर्फ अपनी पढ़ाई पर ध्यान दे।"

बातें करते-करते रेसिडेंसी पहुंचीं, फिर दोनों ऊपर अपने रूम में चली आईं।

शाम छह बजे का वक्त।

"बेटी सब्ज़ियां और फ्रूट्स खत्म हो चुके हैं तो मैं सोच रही हूँ, सब्जी मंडी होकर आती हूँ।"

"हाँ, जाओ आप; मगर केले लाना मत भूलना।" नाश्ते में दो केले और ड्राई फ्रूट्स लेते हुए बोली।

"राज हमेशा सेब खाना पसंद करता है और तू केला। दोनों का ख्याल रखना पड़ता है मुझे। उसे भी बार-बार कॉल करके याद दिलाना पड़ता है, बेटा तूने नाश्ते में कुछ खाया कि नहीं।"

"आप खामखां टेंशन लेती हो मम्मी, आपने हमें बचपन से आदत डाली है तो हम वक्त पर नाश्ता, लंच, डिनर कर लेते हैं।"

"अच्छा ठीक है। दरवाज़ा अंदर से बंद कर ले। जब तक मैं ना आऊं तब तक किसी के लिए दरवाज़ा मत खोलना। मैं आधे घंटे में वापस आती हूँ और कोई इमरजेंसी रही तो मुझे कॉल कर देना।" मधु, बेटी को समझाकर सब्ज़ी मंडी चली गई।

मधु ज़्यादातर अकेले ही खरीदारी करती थी या अपनी बेटी को साथ लेकर जाती थी। दोस्ती के मामले में वह कच्ची ही थी। उसे अकेले रहना ज़्यादा पसंद था। कोटा में जहाँ भी घूमने जाती थी, अपनी बेटी के साथ ही जाती थी। उसकी क्लोज़ फ्रेंड उसकी नन्ही परी पूजा ही थी। लेकिन ऐसा नहीं कि वह किसी के साथ बात करना पसंद नहीं करती, वह तो सब से बातें

करती थी, मोहपात्रा जी से उसकी अच्छी बनती थी, बेटी के अलावा वही एक थी, जिसके साथ वह कभी-कभी थोड़ी- बहुत शॉपिंग कर लेती थी। वैसे..मधु को समय बर्बाद करना पसंद नहीं था बल्कि वक्त को अहमियत देना उसे ज़्यादा पसंद था।

मधु ने सब्जी मंडी से सब्ज़ियां खरीदीं और पैदल चलकर ही वापस आई। उसका मानना था कि पैदल आने-जाने से वॉक हो जाती है। वह रेसिडेंसी वापस आई और ऊपर अपने कमरे के पास आकर पूजा को कॉल करते हुए दरवाज़े पर दस्तक दी।

पूजा अंदर स्टडी कर रही थी। मोबाइल की रिंग सुनी तो चेयर से उठकर तुरंत कॉल रिसीव किया और बोली, “मम्मी आ गईं आप! कब से आपका इंतजार कर रही थी।”

“हाँ बेटी, पहले दरवाज़ा तो खोलो। फिर बात करेंगे।”

पूजा ने तुरंत दरवाज़ा खोला और मम्मी के हाथों से सब्जियों की थैली लेकर अंदर रूम में रख दी। मधु भी रूम के अंदर आई और बेड पर बैठ गई। मम्मी को थका हुआ देख, पूजा तुरंत पानी का गिलास भर कर लाई और मम्मी के हाथों में गिलास देकर बोली,

“मम्मी, आप काफी थक चुके होंगे, थोड़ी देर आराम कर लो।”

“बेटी माँ-बाप तब तक नहीं थकते जब तक उनके बच्चे सफलता की सीढ़ियां पार करके कुछ बन नहीं जाते।”

“मम्मी आपको आपके बच्चों पर पूरा भरोसा है न, तो चिंता किस बात की?”

“वह सब ठीक है, मुझे ये बता आपके पापा जी का कॉल आया था क्या?”

“हाँ मम्मी, आया था। पापा आपको पूछ रहे थे। मैंने बताया मम्मी सब्ज़ी मंडी गई हैं तो बोले, अपना और मम्मी का ख्याल रखना।”

“ख्याल तो हम रख ही रहे हैं लेकिन मुझे उनकी चिंता होती है। मेस का टिफिन खा-खा कर तबीयत न बिगड़ जाए।”

“मम्मी आप फिर से शुरू हो गए, किसी ने क्या खूब कहा है कि, चिंता एक चिता की तरह होती है इंसान को जलाती है, मम्मी।”

“हाँ, तू तो अब बहुत बड़ी हो चुकी है बड़ी-बड़ी बातें जो करने लगी है।”

"आप ही हमारी गुरु हैं माताजी, प्रणाम आपको।" पूजा अपनी मम्मी के सामने हाथ जोड़ते हुए बोली और दोनों माँ-बेटी हंसने लगीं।

पढ़ाई का तनाव कितना ही ज्यादा क्यों न हो, मम्मी के साथ थोड़ी देर बातें करने से पूजा खुद को फ्रेश महसूस करती थी।

तब रीमा ऊपर आई। उसने सब्जी की थैली देखी और मधु से बोली, "भाभी जी आप सब्ज़ी मंडी होकर आए? अरे यार मुझे भी सब्ज़ियां लेनी थीं। आप बताते तो हम साथ में चले आते।" रीमा मुंह सुखा कर बोली।

"मुझे पता नहीं था, नहीं तो मैं आपको ज़रूर आवाज़ देती।"

"अरे देखो मैं जिस काम के लिए आई, वही बताना भूल गई।" रीमा ने अपने माथे पर हाथ मारा।

"क्या काम था, दीदी?"

"ज़रा इधर आकर बात करते हैं। बेटी पढ़ाई कर रही होगी न, खामखां बेचारी को डिस्टर्ब होगा।" बगल वाले रूम की तरफ इशारा करके बोली।

दोनों बगल वाले रूम के पास आकर खड़ी हो गईं।

"बोलो दीदी, क्या बात करनी थी?"

"हमारे एक जान-पहचान के भैया हैं, उनके यहाँ एक रूम खाली है। मैंने सोचा आपको दिखा दूं। आपको पसंद आए तो फाइनल कर लेना।"

"रूम किस एरिया में है? क्या वह रूम आपने देखा है?"

"भाभी, यही हमारी रेसिडेंसी के पीछे ही है। दो मिनट का रास्ता है सिर्फ। मैं बहुत बार गई हूँ वहाँ। रूम में फर्नीचर लगा है और बालकनी वाला रूम है, आपको बहुत पसंद आएगा भाभी।"

"फिर देख लेते हैं।" मधु ने कहा।

"आप बताओ कब चलना है?"

"कल मैं बिटिया को क्लास छोड़कर आऊंगी, फिर चलेंगे।"

"थैंक यू, रीमा दीदी। आप यहाँ के निवासी हो, लेकिन सबकी मदद करती हो। आप बहुत अच्छी हो दीदी।"

"आप जैसे लोग परेशान होते हैं, तो मुझसे देखा नहीं जाता। बस थोड़ी सी हेल्प कर देती हूँ, मुझे अच्छा लगता है। आप लोगों की दुआ से ही तो मेरा काम बढ़िया चल रहा है।"

कंफर्टेबल रूम की तलाश

दूसरे दिन सुबह

मधु, पूजा को कोचिंग क्लास छोड़कर वापस आई और तुरंत रीमा के साथ नया रूम देखने चली गई।

रीमा, मधु को इस रेसिडेंसी के पीछे की गली में लेकर गई, जहाँ सभी बंगले एक जैसे दिखाई दे रहे थे। चलते-चलते रीमा एक बंगले के पास आकर रुकी, जिस पर लिखा था 'बनिया'। उसने गेट की बेल बजाई, तभी ऊपर से एक औरत ने बालकनी से आवाज़ दी, "कौन है? क्या काम है?"

"आंटी जी नमस्ते, आपका कमरा खाली है न! इन्हें दिखाना था।" रीमा ने मधु की तरफ हाथों से इशारा करके कहा।

"हाँ, कमरा खाली है, ऊपर आ जाओ।" आंटी जी बालकनी से बोलीं।

रीमा और मधु बंगले के अंदर सीढ़ियां चढ़कर ऊपर फर्स्ट फ्लोर पर गईं, जहाँ इस बंगले की मालकिन आंटी जी रहती थीं। इन दोनों के ऊपर आने से पहले ही आंटी जी दरवाज़े के पास खड़ी थीं।

"खंबागणी काकी सा, अंकल नज़र नहीं आ रहे?"

"राधे राधे! वो तो सुबह ही ड्यूटी को निकल जाते हैं।"

"और ये भाभी?" आंटी जी ने पूछताछ की।

"ये भाभी महाराष्ट्र से हैं। अभी ये भाभी जहाँ रह रही हैं, वहाँ उन्हें वेंटिलेशन की प्रॉब्लम हो रही है। आपका रूम अच्छा है तो मैंने सोचा, पहले आपका रूम दिखा दूं।"

"अच्छा किया। चलो मैं तुम लोगों को कमरा दिखा देती हूँ। लेकिन इससे पहले एक बात समझ लो आप। कमरे का किराया सात हजार से कम नहीं लूंगी।"

"ठीक है आंटी जी, पहले कमरा देख लेते हैं।"

फिर आंटी जी इन लोगों को सेकंड फ्लोर पर लेकर आईं, यह कहते हुए कि, "हमारा कमरा बहुत बढ़िया है भाभी। आपको यहाँ किसी भी बात की तकलीफ नहीं होगी। बड़े आराम से रहेंगे आप लोग। वेंटिलेशन की कोई कमी नहीं यहाँ।"

"मेरी बेटी को कंफर्टेबल लगना चाहिए और कुछ नहीं चाहिए मुझे।" मधु, आंटी जी से बोली।

"अरे क्यों नहीं लगेगा? एक बार अपनी नज़रों से देख तो लो।"

आंटी जी ने दरवाज़े का ताला खोला और तीनों, रूम के अंदर आए। तभी रीमा बोली, "भाभी एक बार कमरा अच्छे से देख लो, फिर फाइनल करेंगे।"

मधु ने देखा, कमरे में फर्नीचर लगा हुआ था। नीचे व्हाइट फर्श था, जो कमरे की रौनक बढ़ा रहा था। फिर आंटी जी दोनों को बालकनी की तरफ लेकर आईं।

"भाभी, ये है कमरे की बालकनी और इसी बालकनी के कोने में एक बाथरूम है।" आंटी जी ने हाथों से इशारा करके दिखाया।

बालकनी में आते ही मधु ने देखा, बालकनी पर बैठे हुए पंछी अपने पंख फड़फड़ाते हुए उड़ने लगे। मधु को बचपन से ही पंछियों से लगाव था। तो पंछियों को देखकर मधु मुस्कराते हुए बोली, "बालकनी काफी अच्छी है।"

मधु बालकनी में कुछ पल खड़ी रही, फिर बाथरूम की तरफ आई और दरवाज़ा खोलकर देखा, तो अंदर बहुत गंदगी और बदबू आ रही थी जैसे कोई उसे बहुत दिनों से यूज़ कर रहा हो मगर कई दिनों से साफ नहीं किया हो। मधु ने अपनी नाक पर रुमाल लगाया और तुरंत दरवाज़ा बंद किया। मधु की हरकतें देखकर आंटी जी बोलीं -

"आप को एक बात बता दूं भाभी, ये बाथरूम कंबाइन है। आपको बाजू के कमरे में रहने वाली अंशू के साथ शेयर करना पड़ेगा। पसंद पड़ जाए तो बता देना।"

मधु, रीमा की तरफ देखने लगी। रूम बहुत अच्छा था, लेकिन कंबाइन बाथरूम! यह बात उसके गले नहीं उतरी। देखने के बाद दोनों नीचे आईं और मधु ने आंटी जी से कहा, "मैं अपनी बेटी को एक बार रूम दिखा दूं, फिर फाइनल करूंगी।"

"हाँ, ठीक है । आप शाम को अपनी बेटी को लेकर आइए और रूम दिखा दीजिएगा, अगर पसंद आए तो हम शाम को बात कर लेंगे।"

"ठीक है आंटी जी फिर हम चलते हैं।" दोनों जाने लगीं, तभी पीछे से आंटी जी की आवाज़ आई-

"तब तक कोई दूसरा रूम देखने आ गया और उसने फाइनल कर लिया तो हम रूम उसे दे देंगे। सोच लो आप, रूम पसंद आया हो तो एडवांस देकर जाइएगा। रूम आप को ही मिलेगा, हम किसी और को नहीं दिखाएंगे।" यह आवाज़ सुन मधु और रीमा के कदम चलते-चलते रुक गए।

मधु ने पलट कर पीछे देखा और आंटी जी से बोली,

"आंटी जी, सिर्फ शाम तक का ही सवाल है।"

"मुझे जो बताना था वह मैंने बता दिया, बाकी आपकी मर्ज़ी।"

आंटी जी की बात सुनने के बाद दोनों बंगले से बाहर आईं और अपनी रेसिडेंसी की तरफ लौटने लगीं।

"भाभी जी, कमरा बहुत अच्छा था। आपको हाँ कर देना चाहिए था।"

"सही है रीमा लेकिन मैं, बेटी को दिखाने के बाद ही फैसला लेना चाहती थी। आखिर मेरी बेटी की पढ़ाई का सवाल है। बार-बार ठोकरें खाना भी अच्छी बात नहीं है न! मैं फैसला लेने में जल्दबाज़ी नहीं करना चाहती।"

दोनों रेसिडेंसी वापस आईं। रीमा अपने कमरे में चली गई और मधु अपने कमरे में। मधु ने घड़ी में टाइम देखा तो ग्यारह बजने में पांच मिनट बाकी थे। उसने जो भगवद्गीता सीखने का फॉर्म भरा था, उसकी लाइव क्लास आज ग्यारह बजे ज़ूम ऐप पर शुरू होने वाली थी, जो रोज़ चालीस मिनट तक चलती। मधु ने ज़ूम लिंक ओपन किया और क्लास ज्वाइन किया। भगवद्गीता के श्लोक सही तरीके से कैसे उच्चारण करना चाहिए, यह बताया जा रहा था। उसको अध्यात्म में काफी रुचि थी ।

मधु ने ग्यारह बजे क्लास खत्म करके तुरंत खाना बनाया। आज रूम देखने के चक्कर में खाना बनाने में देर हो चुकी थी और थोड़ी देर में पूजा को लेने के लिए भी जाना था। मधु ने जल्दी से सारा काम निपटा लिया और डेढ़ बजने से पहले ही पूजा को लेने माहेश्वरी प्लस फोर पहुंची। वहाँ ग्राउंड फ्लोर पर कुछ नोटिस लगा था।

मधु ने नज़दीक जाकर देखा, तो वह बच्चों के मॉक टेस्ट का नोटिस

था। मधु ने नोटिस को ध्यान से पढ़ा और सोच में पड़ गई, अब बच्चों के मॉक टेस्ट शुरू होंगे। बच्चे अच्छी मेहनत करेंगे तो उनकी मेहनत रंग लाएगी। कई सारे बच्चे ऐसे होते हैं जो मॉक टेस्ट जैसी प्रैक्टिस में ही हिम्मत छोड़ने लगते हैं। लेकिन सब को यह बात पता होती है कि, स्पोर्ट्स में जैसे कोच बच्चों से जी- जान लगाकर खूब मेहनत करवाते हैं, प्रैक्टिस करते समय वे गिरते हैं, चोटें आती हैं, फिर संभलते भी हैं, ताकि वे फाइनल में अपनी जगह बना पाएं। ठीक वैसे ही माहेश्वरी प्लस इंस्टीटयूट का मॉक टेस्ट था, जो बच्चों को फाइनल में जगह बनाने के काबिल बना रहा था। कोई भी कोच हो, वह अपने बच्चों को जीत हासिल करते हुए देखना चाहता है और उसी में उसकी जीत होती है। मधु मॉक टेस्ट के बारे में सोच रही थी, तभी पीछे से पूजा की आवाज़ सुनाई दी।

"मम्मी क्या सोच रहे हो?"

"अरे बेटी आ गई, कॉल करना था न!"

"मैंने आपको सीढियों से उतरते वक्त ही यहाँ देख लिया था।"

फिर पूजा का ध्यान नोटिस बोर्ड पर पड़ा।

"मम्मी, माहेश्वरी प्लस के ऐप में मॉक टेस्ट की सारी डिटेल आई है। आपको घर जाकर दिखाऊंगी।"

"हाँ ठीक है बेटी, अब बैग इधर मुझे दे दो।"

"नहीं मम्मी बैग मेरे पास ही रहने दो। आप मेरा बैग उठाते हो तो मुझे अच्छा नहीं लगता।"

पूजा ने ज़बरदस्ती अपनी मम्मी के हाथों से बैग ले लिया और अपनी पीठ पर लटका लिया। फिर दोनों बातचीत करते हुए रेसिडेंसी पहुंचीं।

शाम सात बजे का टाइम..

"बेटी आज मैंने एक रूम देखा, अपनी रेसिडेंसी के पीछे की गली में है। मैंने उसकी मालकिन को बोला था कि मैं बेटी को लेकर आती हूँ। उसे पसंद आया तो फाइनल करूंगी।"

"वेंटिलेशन है? होगा तो मैं देखने आऊंगी।"

"बेटी, गैलरी वाला रूम है।"

"लेकिन एक प्रॉब्लम है।" मधु अफसोस व्यक्त करते हुए बोली।

"अब कैसी प्रॉब्लम मम्मी?"

"रूम अच्छा है मगर बाथरूम कंबाइन है। एक लड़की के साथ शेयर करना पड़ेगा।"

"नवोदय स्कूल की आदत है मम्मी, तो कोई बात नहीं, चलो कब चलना है।"

"अभी चलें? फिर थोड़ी देर बाद मुझे खाना भी बनाना पड़ेगा और कल तुम्हारी क्लास भी रहेगी।"

"हमें अब बैडमिंटन खेलने जाना था न मम्मी?"

"आज रूम देख लेते हैं, बैडमिंटन कल खेलने चले जाएंगे।"

"ठीक है! मैं तैयार होती हूँ।"

दोनों माँ-बेटी आंटी जी के बंगले पर पहुंचीं।

मधु ने गेट के पास लगी बेल बजाई। बेल की आवाज़ सुनकर आंटी जी तुरंत सीढ़ियों से उतरकर नीचे गेट के पास आईं और गेट खोलते हुए बोलीं-

"अरे, आओ भाभी। कैसी हो गुड़िया, पढ़ाई अच्छे से चल रही है न?" आंटी जी की बात से ऐसा लग रहा था कि वह इन लोगों का ही इंतजार कर रही थीं।

आंटी जी दोनों माँ-बेटी को ऊपर का कमरा दिखाने लाईं और पूजा से बोलीं-

"बेटी तेरी मम्मी को कमरा पसंद आया था, लेकिन तुझे दिखाना ज़रूरी था क्योंकि तुझे पढ़ाई करनी है न, इसलिए रूम भी अच्छा चाहिए।"

पूजा ने पूरा कमरा ठीक से देखा। आगे जाकर बालकनी भी देखी। उसे कमरा बहुत पसंद आया। उसने, मम्मी की तरफ देख कर इशारा किया, "मम्मी डन!"

पूजा को रूम पसंद आया, यह देखकर मधु को मन ही मन बहुत खुशी हुई। फिर दोनों आंटी जी के साथ नीचे हॉल में सोफे पर बैठीं।

"रूम कैसा लगा गुड़िया?"

आंटी जी के सवाल पर पूजा अपनी मम्मी की तरफ देखने लगी।

फिर आंटी जी के सवाल का जवाब मधु ने दिया, "बिटिया को रूम पसंद आ गया, अब लेन-देन की बात कर लेते हैं।"

तभी कोने के रूम से एक मोटा-सा लंबा-चौड़ा गेहुंआ रंग का आदमी, जिसने सफेद कुर्ता पजामा पहना हुआ था, एक डायरी लेकर इन लोगों के

सामने आकर खड़ा हो गया।

दोनों माँ-बेटी ने उस आदमी की ओर देखा और सोच में पड़ गईं कि यह व्यक्ति कौन हो सकता है?

"नमस्ते, भाभी। कैसे हो आप और गुड़िया आप? रूम तो पसंद आ ही गया होगा आपको। बेटी की मुस्कान से ही पता चल रहा है, क्यों गुड़िया सही है न?" इतना कहकर उस आदमी ने खुद ही स्माइल की।

"अंकल जी हमें रूम पसंद आ गया।" मधु ने अंदाज़ा लगा लिया था कि यह घर के मालिक ही होंगे।

"आपको एक बात बता दूं भाभी, हमारे रूम में ऐसे कितने बच्चे रहकर गए हैं, जिन्होंने अच्छे-अच्छे रैंक हासिल किए हैं। जब बच्चों के अच्छे रैंक आते हैं तो हमें बड़ी खुशी होती है। मैं तो कहता हूँ, आप अभी सामान डाल दो। हमें कोई एतराज नहीं।"

"क्यों न हम किराए की बात कर लें?" मधु ने धीरे से कहा।

"हाँ, क्यों नहीं!" अंकल जी सोफे पर बैठते हुए बोले।

अंकल जी के हाथ में एक पुरानी डायरी थी। उन्होंने उसे खोला और इस बंगले में रहकर गए किराएदारों की लिस्ट मधु को दिखाने लगे। उस डायरी में किसने कितना किराया दिया, बिजली बिल का हिसाब, पीने के पानी का हिसाब आदि। इसके अलावा डायरी में कोचिंग में पढ़ने वाले छात्राओं की आईडी की फोटो, किरायेदारों का नाम, पासपोर्ट फोटो, पता, मोबाइल नंबर और आधार कार्ड नंबर सब मौजूद था। यह देखकर कुछ पल के लिए ऐसा लगा कि, यह अंकल जी कोई अकाउंटिंग में जॉब करते होंगे, इतनी बारीकी से पूरा हिसाब जो लिखा है।

"आपने तो देख ही लिया भाभी जी, मेरे यहाँ सभी किराएदार वक्त से पहले किराया दे देते हैं। मैं हमेशा हिसाब-किताब क्लियर रखता हूँ। मेरी तरफ से आज तक किराएदारों को कोई परेशानी नहीं हुई। तो.....अब किराए की बात कर लें?"

"हाँ, अंकल जी।"

"जैसा मैंने बताया, हिसाब-किताब में मैं बिल्कुल क्लियर हूँ, वैसे आप लोगों की तरफ से भी क्लियर होना चाहिए। तो.. सात हज़ार रूम का किराया लूंगा और बिजली के बिल का ग्यारह रुपए प्रति यूनिट होगा,

उसमें पीने के पानी का अलग से हर महीने सौ रुपए देने होंगे। एक महीने का एडवांस अलग से लूंगा और हर महीने की एक तारीख को किराया मिल जाना चाहिए। बाकी आपकी मर्ज़ी।"

"हमें बच्चों की फीस भी भरनी पड़ती है और यहाँ खर्चा भी ज़्यादा है। वैसे हम मिडल क्लास लोग हैं। किराया हमारे बजट से ज़्यादा हो रहा है अंकल जी।"

"तो आप अपने हिसाब से बताओ?"

"छह हजार रुपए किराए का दूंगी, इससे ज़्यादा नहीं दे सकती।" मधु ने साफ कह दिया।

"क्या भाभी आप भी थोड़े से पैसों के लिए ज़िद पर अड़ गईं।"

"देखो फिर आपको ठीक न लगे तो कोई बात नहीं। दिन में कितने किराएदार आते रहते हैं, रूम पूछने के लिए।"

"अच्छा ठीक है। तो फिर हम चलते हैं। नमस्ते अंकल, आंटी जी।" दोनों माँ-बेटी सोफे से उठीं और वापस जाने लगीं। तब अंकल जी ने रोक लिया।

"रुको भाभी , चलो साढ़े छह हजार दे देना।"

"मैं छह हज़ार ही दूंगी, क्योंकि बिजली का बिल भी तो हमें अलग से देना पड़ेगा।"

"ठीक है आप इतना ज़िद पर अड़ी हो तो छह ही दे देना। लेकिन अभी दो हज़ार एडवांस देकर जाना होगा। नहीं तो कल सुबह तक कोई आ गया तो हम उसे दे देंगे। अगर आप अभी एडवांस देती हो, तो हम रूम किसी को नहीं दिखाएंगे। आप का ही रहेगा।"

अंकल के मान जाने से दोनों माँ-बेटी के चेहरे पर मुस्कान आ गई। फिर मधु ने अपने पर्स से दो हज़ार रुपए निकाले और आंटी जी के हाथ में दिये, ये कहते हुए कि, "हम कल सामान शिफ्ट करेंगे।"

नया किराएदार रहने आ रहा है, इस बात से आंटी जी भी बहुत खुश दिखाई दीं। रूम के चक्कर में आठ बजने को आए थे, पूजा को स्टडी के लिए भी बैठना था, फिर दोनों माँ-बेटी वहाँ से निकल कर अपने रेसिडेंसी लौटीं।

रूम के चक्कर में काफी देर हो चुकी थी, पूजा स्टडी के लिए बैठी। अब हर महीने मॉक टेस्ट चलने वाले थे तो पूजा ने एक-एक करके क्लास में जितने भी चैप्टर्स सिखाए जा रहे थे, उसे रिवाइज़ करना शुरू कर दिया था।

मधु भी किचन में खाना बनाने लगी। थोड़ी देर बाद दोनों ने खाना खाया और पूजा वापस स्टडी करने बैठ गई।

रात दस बजे का वक्त--

मधु सब काम निपटाकर बेड पर आकर बैठी और मोबाइल में अपना इनफार्मेशन ब्लॉग ओपन किया और उसमें आर्टिकल लिखने लगी। कुछ न कुछ लिखने का बहुत शौक था। लिख ही रही थी कि तभी राज का कॉल आया। मधु कॉल रिसीव करके किचन में चली गई क्योंकि इस रूम में पूजा स्टडी कर रही थी और मधु उसे डिस्टर्ब नहीं करना चाहती थी। किचन में आकर उसने राज से बात की। उसकी पढ़ाई के बारे में पूछताछ की। राज से बात करने के तुरंत बाद, उसने शिवा को कॉल लगाया। शिवा भी ड्यूटी के चक्कर में बिज़ी थे। उन्हें आज पेट्रोलिंग की ड्यूटी करनी थी। जल्दी खाना खाकर ड्यूटी पर जाने वाले थे। मधु ने हाल-चाल पूछ कर फोन काट दिया और फिर पूजा के स्टडी रूम में चली आई। उसके बाद बेड पर गीता के कुछ श्लोक मन में ही कंठस्थ किए। दिन भर की भागा-दौड़ी से थकान महसूस करते हुए मधु की आंख कब लग गई, उसे पता ही नहीं चला। उसके बाद पूजा देर रात तक पढ़ाई करती रही।

सुबह छह बजे का वक्त...

"पूजा, आजकल सुबह देर से उठने लगी हो तो एक्सरसाइज़ का वक्त कैसे मिल पाएगा? सेहत इंपॉर्टेंट है कि नहीं?"

"मम्मी देर रात तक पढ़ने से सुबह आंख नहीं खुलती।" पूजा नींद से जागकर आंख मलते हुए बोली।

"रात को थोड़ा जल्दी सोया करो ताकि सुबह जल्दी उठकर सभी काम वक्त पर हो सके।"

"हाँ मम्मी, कोशिश करूंगी।"

"जल्दी तैयार हो जा, क्लास के लिए देरी न हो।"

आज पूजा को सुबह-सुबह डांट खानी पड़ी; यह रात को ज़्यादा देर तक जागने का नतीजा था।

मधु ने पूजा को कोचिंग क्लास छोड़कर आने के बाद, इस रेसिडेंसी की मालकिन आंटी जी को कॉल किया।

उधर से आंटी जी ने कॉल रिसीव किया और बोलीं-

“राधे राधे! भाभी जी। कैसे याद किया?”

“नमस्ते आंटी जी। आप वापस आने वाले थे, क्या हुआ?”

“वाह भाई, हमें बड़ा अच्छा लगा कि हमारे किराएदार हमारा इंतजार करते हैं।”

“आंटी जी आपसे कुछ कहना था।”

“हाँ, बोलो।”

“मैं आज आपका रूम खाली करके जा रही हूँ।”

“क्यों छोड़ कर जा रहे हो? क्या खराबी थी भाई हमारे रूम में?”

“वेंटिलेशन का बहुत ज़्यादा प्रॉब्लम हो रहा है और बाकी की बातें यहाँ आकर आपको पता चल ही जाएंगी।”

“तो ठीक है कर दो खाली। हमें क्या, रोज़ के कितने किराएदार आते हैं रूम पूछने के लिए, हमारा रूम खाली थोड़ी न रहेगा। खामखां सुबह-सुबह मेरा दिमाग खराब कर दिया।” आंटी जी गुस्सा होकर बात करने लगीं।

“हमने आपको एडवांस में पैसे दिए थे, उसका क्या?”

“हम गांव से वापस आएंगे तब आकर ले जाना।”

“ठीक है थैंक यू आंटी जी।”

फिर आंटी ने उधर से फोन काट दिया।

मधु ने सब सामान पैक किया। सामान पैक करते-करते दस बज चुके थे। मधु जल्दी से बाहर जाकर एक ऑटो लेकर आई। ऑटो में सामान डालने से पहले उसने रूम के बारे में अंकल जी को कॉल किया।

“अंकल जी मैं अभी सामान लेकर आ रही हूँ।”

“आ जाइए भाभी, कोई बात नहीं।”

अंकल जी से बात करने के बाद, मधु इतना सारा सामान एक-एक करके थर्ड फ्लोर से नीचे गेट तक लेकर आई। सामान उतारते-उतारते उसके बदन में दर्द होने लगा था, पांव कांपने लगे थे। थर्ड फ्लोर से सामान फर्स्ट फ्लोर तक उतारना बड़ी कसरत का काम था। यह इतनी आसान बात नहीं थी। बेटी के लिए उसे यह सब करना ज़रूरी था।

मधु ने सारा सामान ऑटो में रखा। ऑटो वाले ने भी थोड़ी-बहुत हेल्प कर दी थी, वैसे कोई भी ऑटो वाला सामान उठाने में हेल्प नहीं करता लेकिन इस बेचारे ने कर दी थी। मधु ऑटो में बैठकर अंकल जी के बंगले

के सामने पहुंची।

"हाँ, बस बस यहीं रोक दो भैया।"

ऑटो बंगले के सामने रुका। ऑटो से उतरने के बाद उसने सारा सामान बंगले के अंदर नीचे गेट के पास रखा। ऑटो वाले के पैसे दिए, फिर वह चला गया।

आंटी जी ऊपर बालकनी से मधु की तरफ देख रही थीं। मधु सबसे पहले दो बैग लेकर ऊपर गई और आंटी जी से मिली।

"नमस्ते आंटी जी।"

"नमस्ते, हमने कमरा अच्छे से साफ कर दिया है भाभी जी, आप सब सामान रख दो। वैसे सामान लाने में कोई तकलीफ तो नहीं हुई आपको?"

"नहीं नहीं कोई तकलीफ नहीं हुई।" मधु प्यार से मुस्कराई और एक-एक करके सब सामान सेकंड फ्लोर के रूम में लेकर आई। साइड में एक छोटा-सा किचन था जिसमें पंखा नहीं था लेकिन आवश्यकता भी नहीं थी, क्योंकि इस रूम में कहीं पर भी वेंटिलेशन की कोई कमी नहीं थी। ऊपर से हवा भी चल रही थी क्योंकि आंटी जी का बंगला सेकंड फ्लोर तक ही सीमित था। इसके ऊपर कोई कमरा नहीं था। था, तो बस टेरेस।

मधु ने किचन में सामान लगाया। गैस सिलेंडर वगैरह सब लगाया और स्टडी रूम भी अच्छे से सेट किया। स्टडी रूम में बड़ी सी विंडो थी, उसमें आंटी जी ने पहले ही परदा लगा दिया था। मधु सारा सामान लगाने के बाद दो मिनट बालकनी में आकर खड़ी रही, एक लंबी सी सांस लेकर धीरे से छोड़ी और आसमान की तरफ देखने लगी। जून का महीना था; आसमान में काले बादल छाए हुए थे। सभी को बारिश गिरने का इंतजार था। बिल्कुल उसी तरह मधु की भी स्थिति थी। इंतजार था सुकून का।

"इस रूम में आ तो गए मगर पता नहीं, यहाँ हम सुकून से रह पाएंगे या नहीं।" मधु ने मन ही मन सोचा और बालकनी से रूम के अंदर आई।

मधु ने इस रूम में सामान डालने के बाद, सबसे पहले भगवान को दीप जलाया और जो भी खाना बनाकर लाई थी, उसका भोग लगाया। इससे रूम में जैसे एक सकारात्मक ऊर्जा भर गई थी।

दरवाजा खुला था, आंटी जी ने रूम में प्रवेश किया। आते ही आंटी जी को भगवान के फोटो के सामने दीया-बत्ती दिखाई दी, यह देखकर आंटी जी

बहुत खुश हुईं।

"हमें ऐसा ही पूजा-पाठ करने वाला किराएदार चाहिए था भाभी। रूम में हम किसी को नॉनवेज वगैरा बनाने नहीं देते, हम प्योर वेजीटेरियन हैं।"

"हमारे यहाँ भी नहीं चलता आंटी जी। मैं कृष्ण भक्त हूँ। अभी भगवद्गीता के परिवार से जुड़ी हूँ।" मधु ने मुस्कराते हुए कहा।

"सारा सामान लगवा दिया अच्छे से?.. कोई दिक्कत तो नहीं?"

"कोई दिक्कत नहीं आंटी जी।"

"यहाँ आपके बाजू में अंशू रहती है, जो बिहार से है। बड़ी प्यारी बच्ची है, वह अभी नीट की तैयारी कर रही है। आप आए हो तो उसे भी सपोर्ट मिलेगा भाभी।"

"अच्छा।" मधु ने मुस्कराकर जवाब दिया।

"पीने का पानी आपको नीचे से लाना पड़ेगा भाभी क्योंकि ऊपर कोई कनेक्शन नहीं है सामने लड़कियां रहती हैं न, वे भी नीचे से पानी लाती हैं। आपने आते हुए गेट के पास वह वाटर फिल्टर लगा हुआ देखा होगा, सब वहीं से पानी भरती हैं।"

"आंटी जी वह लड़कियों का सिंगल रूम है और फैमिली रूम नहीं है, उन्हें तो इतना पानी नहीं लगता होगा लेकिन मुझे खाना भी बनाना पड़ेगा तो पीने का पानी ज़्यादा लगेगा ही न। इतना सारा पानी नीचे से कैसे ला सकूंगी! हमारे लिए ऊपर कनेक्शन करवा दीजिए न।"

"ऊपर कनेक्शन लगवाने के अलग चार्ज लगेंगे। आप दे सकती हो तो हम किचन में कनेक्शन करवा देंगे..."

"ठीक है, मैं आपके भैया जी से बात करके बताती हूँ। अभी के लिए आपको नीचे से पानी लेकर आना पड़ेगा।" इतना कहकर आंटी जी नीचे चली गईं।

आंटी जी की बातें सुनकर मधु कुछ पल के लिए बेड पर बैठ गई। उसने अपने माथे पर हाथ लगाया, "हे राम! आते ही एक मुसीबत गले पड़ी और आगे क्या होगा पता नहीं?"

सुबह जल्दबाज़ी में कपड़े धोने रह गए थे तो मधु कपड़े लेकर बालकनी में जो बाथरूम था, उसमें चली गई। बाथरूम में बहुत बदबू आ रही थी और फर्श पूरा पीला पड़ा था। मधु ने कपड़ों की बाल्टी बाहर रखी और बाथरूम

में फिनाइल डालकर उसे अच्छे से धोने लगी। मधु बाथरूम धो ही रही थी तभी बाजू की लड़की मधु के पास आकर खड़ी हुई और बोली, "आंटी जी मुझे अंदर जाना है।"

"बेटी यह बाथरूम सिर्फ तू ही यूज़ करती थी न, तो कभी धोती नहीं थी?"

"आंटी इतना वक्त कहाँ? यह सब काम करने के लिए मेरी मम्मी यहाँ रहतीं तो आप ही की तरह करतीं।" वह मायूस होकर बोली।

"अरे कोई बात नहीं आज से मैं कर लूंगी।" इतना बोलकर मधु बाहर निकली और वह लड़की अंशू बाथरूम के अंदर चली गई।

मधु काफी थक चुकी थी। उसका मूड ऑफ हुआ तो कपड़े की बाल्टी बालकनी में रख दी।

"अब मूड नहीं कर रहा। थकान भी महसूस हो रही है बाद में धो लूंगी।" अपने आप से बड़बड़ाई और रूम के अंदर चली आई।

थोड़ी देर आराम करते हुए उसके दिमाग में पीने के पानी का ख्याल आया।

"चल मधु, बिटिया के घर लौटने से पहले ही पीने का पानी भर के रख दे। बेटी को डिस्टर्ब नहीं होना चाहिए।" मधु खुद से बड़बड़ाते हुए किचन की तरफ चली आई।

किचन में आने के बाद देखा, वहाँ बीस लीटर का बड़ा-सा थर्मस रखा था, जो वह महाराष्ट्र से आते समय पीने का पानी स्टोर करने के लिए लाई थी। उसने उसे उठाया और नीचे गेट के पास पानी भरने चली गई।

नीचे गेट के पास कोई किराएदार रहती थी। वह बच्चों को पढ़ाने के लिए ओडिशा से कोटा आई थी। वैसे..कोटा में जहाँ देखो, वहाँ अपने बच्चों के साथ रहने के लिए आई माताएं नज़र आती थीं।

"कोटा की यह धरती कितनी पवित्र है कि यहाँ भारत के कोने-कोने से आकर लाखों की संख्या में माताएं रहती हैं। चंबल नदी के किनारे बसी कोटा की धरती इन लाखों माताओं के चरण स्पर्श से तृप्त हो चुकी है। यह सच में गौर करने वाली एक दिलचस्प बात है।" पीने का पानी भरते हुए मधु कोटा की धरती के बारे में सोच रही थी।

मधु ने भरी हुई थर्मस को सीढ़ियों पर रख-रख कर ऊपर पहुंचाया और

फिर पूजा को लेने के लिए कोचिंग चली गई। पूजा अपनी माँ के साथ जब घर पहुंची तो आश्चर्यचकित हो गई।

"मम्मी आप क्या हो? यह सब आप कैसे कर लेते हो! यह पता था कि आज हमें इस रूम में सामान डालना है लेकिन आप इतना जल्दी सामान लेकर यहाँ डाल देंगे, यह पता नहीं था। खामखां आप इतनी तकलीफ क्यों उठाती हो? मम्मी आप मुझे कोई भी काम करने नहीं देते, सब खुद कर लेते हो। यह बात मुझे अच्छी नहीं लगती।" पूजा अपनी मम्मी पर नाराज़ हो गई।

"अरे इसमें तकलीफ की क्या बात है वैसे.. हर कोई तकलीफ के बारे में सोचेगा तो ज़िंदगी में आगे कैसे बढ़ पाएगा? कुछ बड़ा पाना है तो बड़ा संघर्ष भी उठाना ज़रूरी है न! जैसे आप बिटिया.. आप जितना ज़्यादा खुद को पढ़ाई में झोंक रहे हैं, उतना बड़ा रिज़ल्ट आपके सामने होगा। बस टाइम मैनेजमेंट आना चाहिए।"

"बिल्कुल सही कहा मम्मी आपने। तकलीफ से हार नहीं माननी चाहिए और टाइम मैनेजमेंट का भी ख्याल रखना चाहिए।"

पूजा ने हाथ-मुंह धोया और खाना खाने के लिए बैठी।

"मम्मी, यह क्या आप रोज़ खाने के साथ सलाद बनाते हो। हमें सलाद में ये ककड़ी गाजर ज़्यादा पसंद नहीं मम्मी। आप ज़बरदस्ती खिलाते हो।"

"सेहत के लिए अच्छा होता है और इम्युनिटी पावर बढ़ती है बिटिया, शरीर में पूरा आहार जाना ज़रूरी है..."

"शान्ति से खाना खा। इतनी जल्दी-जल्दी मत निगल। पेट में गड़बड़ी होगी और अपच की प्रॉब्लम हो सकती है।"

"मम्मी स्टडी के लिए जल्दी बैठना है, आज बहुत सारा होमवर्क मिला है।"

"अच्छा ठीक है।"

मधु किसी भी बात के लिए अपनी बेटी के विरुद्ध नहीं जाती थी और जो बात अच्छी नहीं लगती, उसे अपने तरीके से प्यार से समझाती थी।

एक दिन मधु को रीमा का कॉल आया।

"भाभी जी, आंटी जी गांव से आने वाली हैं। तब मैं आपको कॉल करूंगी, आप पैसे लेने आ जाना।"

मधु ने रीमा को हाँ में जवाब दिया।

मधु, रीमा से आंटी जी के बारे में हमेशा पूछताछ करती रहती थी कि, वे उसके पैसे कब लौटाने वाली हैं?

मधु खुद भी आंटी जी को कॉल करके पैसे मांग सकती थी लेकिन जब भी मधु कॉल करती आंटी उसे बोलतीं-

"अरे आ जाओ इधर वापस। अपने रूम में रह लो।" बोलकर बात को टाल देती थीं। इसलिए मधु रीमा की मदद से ही पैसे निकालना चाहती थी।

एक दिन दोपहर में मधु को रीमा का कॉल आया।

"हैलो, भाभी। आंटी जी मेरे कमरे के पास ही बैठी हैं। आप एक काम करिए, पैसे लेने अभी आ जाइए, दे देंगी तो अच्छा है।"

रीमा की बात सुनकर मधु तुरंत आंटी जी की रेसिडेंसी पहुंची, जहाँ वह पहले किराए पर रहती थी।

मधु, रीमा के कमरे में आई। आंटी जी एक कुर्सी पर बैठी हुईं थीं और रीमा से गपशप लड़ा रही थीं। आंटी जी ने मधु को देखा।

"अरे कहाँ चले गए थे? कितने दिनों के बाद दिखाई दे रही हो। यहाँ थे या महाराष्ट्र में?"

आंटी जी सवाल पर सवाल पूछे जा रही थीं। फिर मधु ने कहा-

"आंटी जी मैं यहीं थी। आपको तो कितनी बार कॉल किया मैंने!"

"हाँ, सही है। मैं तो आपको कह रही हूँ कि वापस आ जाओ, अपने यहाँ कितने रूम खाली हैं। अगर आप चाहो तो आपके लिए मैं बालकनी वाला रूम खाली कर देती हूँ।"

"न आंटी जी। हम जहाँ भी हैं, अच्छे हैं। मैं बस पैसे लेने आई थी। मैं बहुत बार आती हूँ लेकिन आप घर पर नहीं रहते।"

"आज तो मेरे पास पैसे नहीं है फिर कभी आ जाना।" आंटी जी के चेहरे पर झूठ साफ दिखाई दे रहा था।

"कोशिश करो आंटी, ज़्यादा नहीं सात हज़ार तो देने हैं।"

तभी आंटी ने पल भर के लिए कुछ सोचा और फिर अपना पर्स निकालकर उन्होंने सात हज़ार रुपए पूजा के हाथ में दे दिए। मधु ने पैसे लिए, आंटी जी को थैंक यू कहा और रीमा को भी इशारे से धन्यवाद कहा। थोड़ी देर आंटी जी से बात की और वहाँ से अपने रूम में लौट आई। मधु ने पूजा को घर आकर सब बातें बताईं। पूजा भी बहुत खुश हो गई थी कि,

अच्छा हुआ आंटी जी ने पैसे लौटा दिए।

कुछ दिन बाद...

दीवाली का त्योहार नजदीक आया। शिवा पांच-छः दिन की छुट्टी लेकर राज के साथ दीवाली मनाने के लिए कोटा आए। इस साल की दीवाली पाटिल परिवार के लिए यादगार बनने वाली थी क्योंकि दीवाली के दिन शाम को पटाखों की आसमानी अतिशबाजी देखने का सौभाग्य उन्हें सेवन वंडर्स पार्क में हुआं था। उन्होंने पांच-छः दिन बहुत एन्जॉय किया। कोटा के ऐतिहासिक आध्यात्मिक पर्यटन स्थल देखे। फिर शिवा और राज वहां से महाराष्ट्र चले गये।

एक दिन मधु गीता के कुछ श्लोक कंठस्थ कर रही थी, तभी पूजा से बोली-

"बिटिया आज तीन बजे भगवद्गीता का मेरा एक एग्ज़ाम है। मैं वो गीता की क्लास कर रही थी न, तो उनकी तरफ से भगवद्गीता के श्लोक कंठस्थ करने का एग्ज़ाम आयोजित किया गया है। मैंने उसका फ़ार्म भरा था।"

"वाओ मम्मी! ऑल द बेस्ट! लेकिन आपने गीता के श्लोक कब कंठस्थ किये?"

"सुबह जल्दी उठकर और रात को सोते समय। तुझे डिस्टर्ब न हो, इसलिए मन ही मन कंठस्थ करती थी।"

"आई एम प्राउड ऑफ़ यू मम्मी। लव यू!"

"अगर कुछ करने का ठान लिया तो हमारी डिक्शनरी से 'इंपॉसिबल' वर्ड अपने आप 'पॉसिबल' में बदलने लगता है।" मधु ने कहा।

मधु ने तीन बजे भगवद्गीता की परीक्षा दी। कुछ दिनों के बाद उसका रिज़ल्ट घोषित हुआ। मधु ने परीक्षा पास कर ली थी और उसका सुंदर सा सर्टिफिकेट भी मिला था। इस कामयाबी पर मधु और पूजा दोनों बहुत खुश थीं।

रविवार सुबह छह बजे का वक्त।

मधु सुबह जल्दी उठकर स्नान आदि करके खाना बनाने लगी। आज पूजा का मॉक टेस्ट था, जो महीने के आखिरी रविवार को माहेश्वरी प्लस इंस्टीट्यूट की ओर से लिया जाता था। जेईई मेन और एडवांस दोनों का मॉक टेस्ट होता था। सभी बच्चे बड़ी मेहनत और लगन से पढ़ाई करके आते थे।

मधु ने टिफिन पैक किया और बैग में रखा। साथ ही पानी की दो बोतल, छाता, पढ़ाई के लिए कुछ किताबें और नोटबुक सब रख दिए।

"पूजा जल्दी कर, नहीं तो देर हो जाएगी। एग्ज़ाम सेंटर में जाने के लिए कभी देरी नहीं करनी चाहिए।"

"हम लोग ऑटो से जाने वाले हैं। ज़्यादा से ज़्यादा दस मिनट में पहुंच जाएंगे, आप टेंशन मत लो मम्मी।"

"अब किताब को साइड में रख, वैसे भी आपके आहूजा सर ने बोला है ना, एग्ज़ाम के एक दिन पहले दिमाग को सेट रखना बहुत ज़रूरी है। कोई तनाव नहीं होना चाहिए।"

"हाँ मम्मी आई अंडरस्टैंड, बस एक कॉन्सेप्ट समझना बाकी था...आ गया ध्यान में, चलो अब साढ़े आठ बज चुके हैं।"

"नौ बजे पेपर स्टार्ट होता है, जल्दी कर पूजा।"

मधु ने कंधे पर टिफिन वाला बैग लटकाया और जूते पहनकर बाहर निकली।

पूजा ने भी जल्दी से गले में माहेश्वरी प्लस इंस्टीट्यूट द्वारा दिया गया आईडी कार्ड गले में डाला, हाथ में घड़ी पहनी और शूज़ के लेस बांधकर जल्दी से नीचे सीढ़ियां उतरने लगी। पूजा फर्स्ट फ्लोर से आंटी जी के दरवाज़े के सामने से जब गुजर रही थी, उस समय आंटी जी सामने ही सोफे पर बैठी थीं। उन्होंने पूजा को देखकर रोक लिया।

"गुड़िया एग्ज़ाम देने जा रही हो क्या?"

"हाँ आंटी जी।" इतना कहकर पूजा ने आंटी जी के पांव छुए और तुरंत नीचे गेट के पास आकर रुकी।

मधु ने स्टडी रूम और किचन के दरवाज़ों पर ताले लगाए और जल्दी से नीचे आई। ऑटो वाले को हाथ देकर ऑटो रुकवाया। आज सब्ज़ी मंडी के नज़दीक के एरिया में एक लैब में एग्ज़ाम सेंटर था। दोनों जल्दी से वहाँ पहुंचीं। पूजा एग्ज़ाम सेंटर के अंदर चली गई। मधु सेंटर के बाहर एक जगह खड़ी हो गई, जहाँ और भी पैरेंट्स खड़े थे। जिन पैरेंट्स के पास स्कूटी थी, वे घर वापस चले गए और जो पैरेंट्स दूर-दूर के एरिया से आए थे, वे रुक गए।

बच्चों का पेपर नौ से बारह बजे तक था। पैरेंट्स को तीन घंटा इंतजार करना था। एग्ज़ाम सेंटर के बाहर बैठने के लिए कोई खास जगह नहीं थी,

तो पैरेंट्स ने सोचा, यहाँ नज़दीक कोई मॉल होगा, चलो वहीं घूम आते हैं। कई पैरेंट्स घूमने चले गए। लेकिन मधु उन लोगों के साथ नहीं गई। उसे सामने एक दुकान नज़र आई, जिसका शटर बंद था, तो मधु उस दुकान की सीढ़ियों पर बैठ गई और कुछ कविताएं रचने लगी। कोटा आकर लिखना-पढ़ना उसका शौक बन चुका था।

देखते ही देखते बारह बज गए। एग्ज़ाम खत्म होने का वक्त हो चुका था। सब बच्चे लैब से बाहर निकलने लगे। बच्चों की भीड़ में पूजा भी थी। मधु ने पूजा को देखा और तुरंत उसके पास आई। उसके कंधे पर हाथ रखा लेकिन यह नहीं पूछा कि पेपर कैसा रहा? बल्कि यह पूछा, "बेटी आपके हाथों में दर्द हो रहा था तो पेपर देते वक्त कोई परेशानी तो नहीं हुई?"

"नहीं मम्मी। मैंने समय रहते ही सारे क्वेश्चन्स सॉल्व कर लिए मगर दो क्वेश्चन में मुझे डाउट लग रहा था तो छोड़ दिए।" पूजा ने थोड़ी नाराज़गी व्यक्त करते हुए कहा।

"अरे.., इतनी सी बात! अगली बार और अच्छा कर लेंगे। घर जाकर उन दो क्वेश्चन के कांसेप्ट को अच्छी तरह समझ लेना। बस सिंपल सा तरीका है न! चल छोड़ उस बात को, मुझे ज़ोरों की भूख लगी है, आपको भी लगी होगी न? तो चलो हम पहले आपकी पसंदीदा भिंडी की सब्ज़ी खाएंगे।"

"वाओ, मम्मी। अब तो मुंह में पानी आ गया।" पूजा को भिंडी की सब्ज़ी बहुत पसंद थी।

पूजा का मूड देखकर मधु मन ही मन सोचने लगी, बच्चे पहले से ही पढ़ाई के चक्कर में तनावग्रस्त रहते हैं और ऊपर से हम उनसे ज़्यादा उम्मीद लेकर बैठ जाते हैं, इससे अच्छा ये है कि उन्हें थोड़ा वक्त दें। जब उनका मूड ठीक हो, तब प्यार से पूछें। कभी सीधे नहीं पूछना चाहिए कि, बेटा तूने पेपर पूरा सॉल्व किया कि नहीं, अगर नहीं किया तो फिर क्यों नहीं किया, पढ़ाई पर ध्यान देती नहीं, ये देखती रहती हो...वो देखती रहती हो, वगैरह... ऐसे कई सारे सवालों से बच्चे ज़्यादा तनाव महसूस करने लगते हैं। उनकी मानसिकता को हमें समझना बहुत ज़रूरी होता है, नहीं तो फिर हम अक्सर देख ही रहे हैं बच्चों के कैसे-कैसे दुखद मामले सामने आ रहे हैं! बच्चा किस सिचुएशन से गुज़र रहा है? उनके अंदर थोड़ा झांककर देखना भी बहुत ज़रूरी होता है। अपनी इच्छाएं उन पर लादने से पहले हमें उनकी

मानसिकता को समझना बहुत ज़रूरी होता है। बच्चों को सही तरीके से हैन्डल करो तो बच्चे तनाव में भी खुश रहते हैं।

"मम्मी, आप अचानक क्यों रुक गए और क्या सोच रहे हो? " पूजा ने आश्चर्य से पूछा।

"कुछ नहीं चल यहाँ सीढ़ियों पर बैठते हैं।" मधु ने पूजा का हाथ पकड़ा और सीढ़ियों के पास आ गई।

फिर दोनों माँ-बेटी ने वहीं सीढ़ियों पर बैठकर टिफिन खाया, क्योंकि दूसरी तरफ बैठने के लिए जगह नहीं थी। अगले पेपर का सेंटर दूसरे इंस्टीट्यूट में था। खाना खाने के बाद दोनों एक ऑटो के पास आईं और दूसरे पेपर के लिए जिस इंस्टीट्यूट में जाना था, वहाँ पहुंचाने के लिए कहा।

घड़ी में अभी एक बज रहा था और दूसरा पेपर ढाई बजे था। इसलिए पूजा ने थोड़ी देर टाइम पास किया, फिर थोड़ी देर स्टडी की। पेपर का टाइम होते ही पूजा एग्ज़ाम सेंटर के अंदर चली गई।

पेपर स्टार्ट होने के बाद मधु सभी पैरेंट्स के साथ इंस्टीट्यूट के बाहर गार्डन के एरिया में बैठ गई।

"भाभी मैंने सुना, मॉक टेस्ट बंद करने वाले हैं। कलेक्टर ने नोटिस जारी किया है शायद।" सुनीता भाभी ने कहा।

"हाँ, भाभी सुसाइड के मामलों की वजह से।" श्वेता भाभी ने जवाब दिया।

"बच्चे ज़्यादा तनाव महसूस करते हैं, इसीलिए इंस्टीट्यूट वाले मॉक टेस्ट के दूसरे दिन छुट्टी देने लगे हैं ताकि बच्चे मॉक टेस्ट के दूसरे दिन थोड़े रिलैक्स फील करें।"

"यह बहुत गंभीर समस्या है। बच्चों को रैंकिंग के पीछे कभी नहीं भागना चाहिए, न कभी किसी के कम या ज़्यादा मार्क्स देखने चाहिए। अपना खुद का जो भी कर रहे हैं, उसे ही इंप्रूव करें। बच्चों की ऐसी सिचुएशन देखकर मैंने स्टुडेंट काउंसलिंग का कोर्स किया है भाभी।" मधु ने कहा।

पैरेंट्स के साथ गपशप करते हुए मधु साढ़े पांच बजे तक बैठी रही। हर कोई अलग- अलग टॉपिक पर बात कर रहा था। आपस में एक-दूसरे से बातें करते हुए बहुत सारी जानकारियां मिल रही थीं।

पेपर खत्म होने के बाद दोनों माँ-बेटी ऑटो करके माहेश्वरी बिल्डिंग

के पास रुकीं। उसी एरिया में गणेश मोमोज़ नाम की एक दुकान थी। मधु, कोटा में आकर सबसे ज़्यादा जगन्नाथ की कचौड़ी और मोमोज़ खाना ही पसंद करती थी। मधु ने मोमोज़ पैक कराया और दोनों घर वापस आ गईं। घर आते-आते लगभग छह बज गए। आने के बाद, पूजा ने फ्रेश होकर मम्मी के साथ मोमोज़ की पार्टी की। वैसे मधु को बाहर का खाना पसंद नहीं था लेकिन कभी-कभी मोमोज़ खाना पसंद करती थी।

कुछ देर बाद पूजा पढ़ने बैठ गई और जिस क्वेश्चन को सॉल्व करने में प्रॉब्लम हो रही थी, उसे वह फिर से सॉल्व करने का प्रयास करने लगी।

“पूजा रहने दो बेटा अब, दिन भर पेपर सॉल्व करते-करते थक चुकी होगी, थोड़ी देर आराम कर लो।” मधु ने किचन से आने के बाद पूजा को स्टडी करते देखकर कहा।

“बाद में देखने से अच्छा है अभी कर लूं। बस हो ही गया, मम्मी डोन्ट वरी!” पूजा क्वेश्चन सॉल्व करते हुए बोली।

नौ महीने बाद...

दोनों माँ-बेटी को इस रूम में रहते लगभग नौ महीने हो गए थे। सब अच्छे से चल रहा था, मधु टाइम पर किराया दे रही थी। वक्त पर किराया देने से अंकल जी भी खुश थे। अंकल जी के घर के सामने बहुत बड़ा प्लॉट था लेकिन वहाँ कोई मकान बना नहीं था। एक दिन अचानक घर के सामने खाली प्लॉट में कंस्ट्रक्शन का काम शुरू हो गया। यह काम यहीं नहीं रुका, एक-एक करके सभी खाली प्लॉट में बिल्डिंग बननी शुरू हो गईं। सुबह से लेकर रात तक कंस्ट्रक्शन का काम चलता था।

इन लोगों का रूम बिल्कुल ही नज़दीक था, इसलिए कंस्ट्रक्शन के काम से बहुत शोर होता था। पूजा ग्यारहवीं कक्षा से बारहवीं कक्षा में चली गई थी और यहाँ कोचिंग के कुछ ही महीने बाकी रह गए थे। जेईई मेंस का एग्ज़ाम भी नजदीक आ रहा था लेकिन कंस्ट्रक्शन की वजह से पूजा को पढ़ाई करने में बहुत दिक्कत होने लगी थी। वह कभी किचन में बैठती तो कभी रूम के किसी कोने में बैठती और कभी सीढ़ियों पर बैठकर पढ़ाई करती। पूजा बहुत ज़्यादा डिस्टर्ब होने लगी थी। इस वजह से वह कोचिंग में जाकर भी पढ़ाई करने लगी। लेकिन यह कब तक चलता! यह रोज़मर्रा

की बात थी। पूजा बहुत अनकंफर्टेबल महसूस करने लगी थी और उसका चिड़चिड़ापन भी बढ़ने लगा था।

एक दिन वह अपनी मम्मी से बोली, "मम्मी ऐसा ही चलता रहेगा तो मैं आगे पढ़ाई कैसे कर पाऊंगी?" पूजा बहुत ज़्यादा डिस्टर्ब हो चुकी थी।

एक दिन मधु ने शिवा को कॉल करके इधर की सिचुएशन बताई। शिवा ने मधु से कहा कि , बेटी का सवाल है तुम्हें इस वक्त जो फैसला सही लगे, वहीं कर। पूजा डिस्टर्ब नहीं होनी चाहिए।

शिवा से बात करने के बाद पूजा की हालत देखते हुए मधु ने फैसला कर लिया कि रूम चेंज करने के अलावा और दूसरा कोई उपाय नहीं है। मधु ने सोचा, अंकल जी को इस बारे में बता देते हैं, लेकिन फिर उसे लगा, पहले कोई रूम देख लेती हूँ। अगर अंकल जी को बताने के बाद उन्हें दूसरा कोई नया किराएदार मिल गया तो! हमारी हालत घर का न घाट का, जैसी हो जाएगी। हमारे पास दूसरा कोई रूम नहीं रहा तो हम सामान लेकर कहाँ जाएंगे? हम तो सड़क पर आ जाएंगे न! इससे अच्छा है कि हम पहले कोई अच्छा सा रूम ढूंढ़ लेते हैं फिर अंकल जी से बात करते हैं।

एक दिन कोचिंग क्लास छूटने के बाद, दोनों माँ-बेटी पीजी रूम ढूंढ़ने के लिए निकल पड़ीं। दोनों कोटा की गली-गली घूम रही थीं। न जाने उन दोनों माँ-बेटी ने भूखे-प्यासे कितने बंगलों के दरवाज़े खटखटाए होंगे। कहीं किराया ज़्यादा था तो कहीं रूम पसंद नहीं आता था। मधु कोटा की गलियों से चलते-चलते अपने आप बड़बड़ा रही थी, "अरे कुणी घर देता का रे? घर!" बेटी के साथ चट्टान जैसी खड़ी रहने वाली मधु का हौंसला आज कमज़ोर पड़ने लगा था।

"मम्मी यह क्या बड़बड़ा रहे हो आप? घर से नटसम्राट नाटक देख कर आए हो क्या?"

"बेटी, आज हिन्दी और मराठी सिनेमा के नायक नाना पाटेकर के डायलॉग याद आ गए।"

"मम्मी मैं भी एक बार नाना जी का डायलॉग बोलना चाहती हूँ।"

"हाँ, क्यों नहीं, मेरे राज नाम के दोस्त ने कहा है, वैसे हमें हमेशा खुल के जीना चाहिए। हंसने का मन करे तो जी भर के हंस लेना चाहिए। रोने का मन करे तो रो लेना चाहिए, मगर कोई भी चीज़ मन में दबा कर नहीं रखनी

चाहिए बेटी।" मधु चलते-चलते बोली।

"अरे कुणी घर देता का रें? घर।" दोनों को यह डायलॉग बोलते समय बहुत मज़ा आ रहा था।

"मम्मी, रास्ते से गुज़रने वाले लोग हम दोनों को पागल समझ रहे होंगे।" दोनों एक-दूसरे की तरफ देखकर हंसने लगीं। हा हा हा....

इतनी मुश्किल घड़ी में भी दोनों माँ-बेटी जब एक-दूसरे के साथ होती थीं, तो बड़ी से बड़ी परेशानी को मामूली समझकर अक्सर मुस्कराती रहती थीं।

कोशिश करने वालों की
कभी हार नहीं होती

कोशिश करने वालों की कभी हार नहीं होती। ठीक वैसे ही ढूंढ़ते-ढूंढ़ते उन्हें एक जगह रूम मिल ही गया। अंदर की ओर ग्राउंड फ्लोर का रूम था। रूम में रोशनी नहीं थी। चौबीस घंटे लाइट जला कर रखना पड़ता। सब बात तो मन के मुताबिक नहीं मिलेगी, कहीं न कहीं एडजस्ट तो करना ही था। लेकिन वहाँ बाकी सब अच्छा था, बिल्कुल शांत जगह थी। बाहर से सिर्फ सब्ज़ी वालों की ही आवाज़ आती थी। मधु ने बंगले के मकान मालिक से बात करके साढ़े छह हज़ार रुपए महीने रेंट के हिसाब से रूम फाइनल कर लिया। बात करने के बाद पता चला कि बंगले के मकान मालिक भी स्वभाव के काफी अच्छे थे।

रूम फाइनल करने के बाद, मधु ने बनिया अंकल जी से रूम के बारे में बात करने का निर्णय लिया। मधु, शाम के समय नीचे आई। आंटी जी के दरवाज़े के पास बेल बटन था, उसे दबाया। तब आंटी जी ने अंदर से आवाज़ दी।

"कौन है?"

"जी, मैं मधु।"

मधु की आवाज़ सुनकर आंटी जी ने तुरंत दरवाज़ा खोला।

"आओ भाभी। कैसे हो?" आंटी जी मुस्कराते हुए बोली।

"अच्छी हूँ आंटी जी। अंकल जी से बात करने आई हूँ।"

वैसे आंटी जी का दिल बहुत अच्छा था। सभी किराएदारों के साथ घुल-मिल जाती थी। उनसे बातें करना मधु को भी अच्छा लगता था। पर यहाँ बेटी की पढ़ाई का सवाल था।

अंकल जी सोफे पर बैठे थे, तब मौका देखकर मधु ने नीचे अंकल जी से बात की, "अंकल जी हमें आने वाली एक तारीख को रूम खाली करना

है।" उसने रूम को लेकर जो समस्या थी, उसे अंकल जी को बता दिया।

इस बात को सुनकर अंकल जी पहले तो भड़क उठे!

"आप ऐसे कैसे रूम खाली करके जा सकते हो! शोर-शराबा तो हर जगह होता है, आपकी बेटी कौन सा कलेक्टर का एग्ज़ाम देने जा रही है!" अंकल जी ताना मारने लगे।

अंकल जी की बात सुनकर मधु को उस वक्त बहुत गुस्सा आ रहा था, मगर वह शान्त रही। उसे पता था कि गुस्से से काम बिगड़ सकता है। वह अपना गुस्सा पीकर शांत दिमाग से बोली-

"अंकल जी, बच्चे आज जिस तरह से मेहनत कर रहे हैं न, जेईई का एग्ज़ाम तो क्या कलेक्टर का एग्ज़ाम भी हो तो आसानी से क्रैक कर सकते हैं। अगर मन में इरादा पक्का हो न, तो बच्चे कुछ भी कर सकते हैं। समझे आप!"

"मेरा नुकसान होगा, उसका क्या?"

"मैं मेरी बेटी का नुक़सान तो नहीं कर सकती न! आप समझदार हैं, अंकल जी ज़रा सोचिए कंस्ट्रक्शन की आवाज़ की वजह से बच्ची डिस्टर्ब होने लगी तो आगे कैसे पढ़ पाएगी?" मधु खड़ी होकर बात कर रही थी।

"ठीक है, आप एक तारीख को रूम खाली कर दीजिए लेकिन आप जब तक हमारे कमरे में कोई किराएदार लेकर नहीं आते तब तक आपको आपके एडवांस के छह हज़ार वापस नहीं मिलेंगे। पहले कोई किराएदार ढूंढ़ कर लाना, फिर अपने पैसे ले जाना।"

इस वक्त मधु को इतना गुस्सा आ रहा था.. कि,..! लेकिन वह शांत रही, उसको किसी भी हालत में अपने एडवांस के पैसे अंकल जी से निकलवाने थे। मधु गुस्से में वहाँ से अपने कमरे में चली आई।

उसी दिन मधु ने देर रात तक घर का सारा सामान पैक किया। दूसरे दिन सुबह पूजा को कोचिंग क्लास छोड़ने के बाद मधु ने ऑटो करके अपनी सहेली मोहपात्रा की मदद से नए रूम में सामान शिफ्ट किया।

मधु की सहेली मोहपात्रा दिल की बहुत अच्छी थी। जब राजपूत अंकल के रूम में सामान डालना था, उस वक्त उन्हें देने के लिए मधु के पास पैसे नहीं थे तो मोहपात्रा ने उसे अपने एटीएम से पैसे निकालकर दिए थे। उस दिन मधु का एटीएम कार्ड काम नहीं कर रहा था, मधु अपने पति शिवा से भी

मांग सकती थी, लेकिन वह ड्यूटी पर थे और मधु उन्हें परेशान नहीं करना चाहती थी। शिवा ऑनलाइन 'फोन पे' कर भी देते मगर राजपूत अंकल जी को ऑनलाइन पेमेंट नहीं चाहिए था, कैश में पैसे चाहिए थे। उस वक्त मोहपात्रा ने उसकी जो मदद की, उसके लिए मधु हमेशा उनकी ऋणी रहने वाली थी। वक्त आने पर दोस्त ही दोस्त के काम आता है, यह कहावत मधु को उस दिन समझ में आई थी, जिस दिन उसकी सहेली मोहपात्रा ने उसकी मदद की थी।

मधु का यह किराए का तीसरा रूम था। इस नए रूम में सामान डालने के बाद, दोनों माँ-बेटी आराम से रहने लगीं। पूजा भी मन लगाकर पढ़ाई करने लगी थी और मधु भी अपनी बेटी को मन लगाकर पढ़ाई करते देख, बेटी से प्रेरित होकर खुद को भी अपडेट करने की कोशिश में लगी थी।

कुछ दिन बाद मधु ने इंग्लिश स्पीकिंग का कोर्स करने का विचार किया क्योंकि वह एक लेखिका भी थी। मराठी भाषा के अखबारों में आरोग्य के ऊपर काफी सारे लेख भी छपते थे और वह अन्य विषयों पर भी फ्री-लांसिंग के तौर पर लिखा करती थी। इसमें कहीं-कहीं इंग्लिश की भी ज़रूरत होती थी। मधु ने अपनी सहेली मोहपात्रा को इस बारे में बताया। उनका भी कई दिनों से इंग्लिश सीखने का मन कर रहा था।

एक दिन दोनों कोटा के एक इंग्लिश स्पीकिंग कोर्स अकेडमी गईं और कोर्स ज्वाइन कर लिया। पूजा बहुत खुश थी कि मम्मी भी उसकी तरह धाराप्रवाह इंग्लिश बोलना सीख जाएंगी। मधु, पूजा को रोज़ कोचिंग क्लास छोड़कर घर आती और नौ से ग्यारह बजे तक इंग्लिश सीखने जाती। वहाँ से आने के बाद, बारह बजे तक खाना बनाती, कपड़े बर्तन धोती और फिर डेढ़ बजे पूजा को लेने माहेश्वरी प्लस फोर कोचिंग सेंटर जाती। उसने तीन से चार महीने में कोर्स पूरा कर लिया। बोलना तो इतना अच्छा नहीं आया, लेकिन व्याकरण के अनुसार लिखना सीख गई। पूजा इस बात को लेकर हमेशा मम्मी पर हंसती थी, "क्या मम्मी आप भी, इतने दिन क्लास किया लेकिन बोलना नहीं आया।" हा हा हा!

दूसरी ओर बनिया अंकल जी के बंगले में, मधु के रूम छोड़कर जाने के बाद दो-चार दिन में ही कोई किराएदार रहने के लिए आ गया था। मधु, अंकल जी को पैसों के लिए बहुत बार कॉल कर चुकी थी, पर अंकल जी ने

पैसे देने से इनकार कर दिया था। मधु चाहती तो माहेश्वरी प्लस इंस्टीट्यूट में जाकर मदद भी मांग सकती थी। माहेश्वरी प्लस इंस्टीट्यूट हमेशा कोटा में पढ़ाई करने वाले बच्चों की हर-संभव मदद के लिए उनके साथ खड़ा रहता था। लेकिन मधु के लिए अपनी और अपनी बेटी की सेफ्टी ज़्यादा इंपॉर्टेंट थी, वह शांति से रहना चाहती थी।

हमेशा की तरह, बच्चों का साप्ताहिक मॉक टेस्ट चल रहा था, लेकिन अब मौसम बदल चुका था। बारिश की जगह ठंड ने ले ली थी। ठंड काफी बढ़ने लगी, कोटा की ठंड तो पूछो ही मत.. दिन में कभी आठ डिग्री सेल्सियस होता था तो कभी दो डिग्री तक चला जाता। माहेश्वरी प्लस इंस्टीट्यूट से बच्चों को स्वेटर मिले थे। ज़्यादातर बच्चे वही स्वेटर पहनकर मॉक टेस्ट देने के लिए आते थे। बच्चे स्वेटर, मफलर, कान की टोपी, सॉक्स और अन्य गर्म कपड़े पहनकर ठंड से बचने का पूरा ध्यान रखते थे।

पूजा को ठंड की वजह से बॉडी पेन की समस्या होने लगी थी। पढ़ाई करते-करते पीठ और गर्दन में दर्द के साथ हाथों में सूजन भी आ जाती थी। कभी-कभी हाथ सुन्न पड़ जाता था। इसीलिए स्टडी करते समय पूजा आधे-पौने घंटे के बाद, पांच-दस मिनट के लिए कुछ न कुछ एक्टिविटी ज़रूर करती, क्योंकि एक ही पोज़ीशन में कई घंटे बैठने से उसे बॉडी पेन की समस्या होने लगी थी। मांसपेशियों में ज़्यादा तकलीफ के कारण मधु, उसे कोटा के एक हॉस्पिटल में लेकर गई। वहाँ के डॉक्टरों ने एक्स-रे वगैरह सब किया, लेकिन पूजा की समस्या कम नहीं हुई।

दिन-ब-दिन पूजा के दर्द की समस्या बढ़ती ही जा रही थी। एक तरफ पढ़ाई का तनाव और दूसरी तरफ मांसपेशियों की समस्या। यह रोज़मर्रा की तकलीफ थी।

एक बार तो बच्चों के साप्ताहिक मॉक टेस्ट के दौरान टेस्ट देते समय उसका हाथ सुन्न पड़ने के कारण, प्रश्नों को हल करते-करते हाथ से पेन नीचे गिर गया था, तो भी उसने टेस्ट अधूरा नहीं छोड़ा। वह अपने लक्ष्य के बीच आने वाली हर मुसीबत को चीरते हुए आगे बढ़ती रही, पूजा ने अपने इरादों की ईंट नवोदय स्कूल से ही पक्की कर ली थी। ऐसी तकलीफ में भी पूज़ा ने कभी हार नहीं मानी, क्योंकि, 'संघर्ष के आगे जीत है,' यह सूत्रवाक्य उसे हमेशा आगे बढ़ाने के लिए प्रेरित करता था।

उसी दिन मॉक टेस्ट खत्म होने के बाद दोनों माँ-बेटी रेसिडेंसी वापस न आकर नजदीक के एक न्यूरोलॉजिस्ट के क्लीनिक में चली गईं, जिसकी छत के ऊपर वैष्णो देवी का एक सुंदर सा मंदिर था। दोनों माँ-बेटी ने पहले मंदिर में जाकर माता रानी के दर्शन किए, फिर क्लीनिक के डॉक्टर से मुलाकात की। पूजा ने अपनी सारी तकलीफें डॉक्टर साहब को बताईं और उन्होंने उसी वक्त से इलाज करना शुरू कर दिया।

दोनों माँ-बेटी रोज़ शाम साढ़े पांच बजे से छह बजे तक न्यूरोलॉजिस्ट क्लीनिक जातीं; पूजा का वहाँ ट्रीटमेंट करवातीं, फिर ऑटो करके दोनों रेसिडेंसी वापस आ जातीं। पूजा रेसिडेंसी वापस आने के बाद फिर से स्टडी करने बैठती। यह सिलसिला जेईई मेंस के फर्स्ट अटेम्प्ट तक चलता रहा।

इसी कारणवश मधु, पूजा की क्लास छूटने के बाद उसके कंधे से बैग अपने कंधे पर ले लेती, लेकिन पूजा थी कि मानती ही नहीं थी, अपनी ज़िद पर अड़ जाती।

कुछ दिन बाद, बच्चों के स्कोर टेस्ट शुरू हुए। माहेश्वरी प्लस करियर इंस्टीट्यूट की टीम जी-जान लगाकर बच्चों से प्रैक्टिस करवा रही थी, जिससे बच्चों के लिए जेईई मेन का एग्ज़ाम देना आसान होने वाला था। बच्चे दो साल से जिस घड़ी का इंतजार कर रहे थे, वह घड़ी अब नज़दीक आ चुकी थी। पहले हर महीने टेस्ट चलते थे, लेकिन अब हर रविवार को टेस्ट होने लगे थे और बच्चे प्रैक्टिस में अपना हाथ साफ कर रहे थे।

जब जेईई मेन के फॉर्म निकले तो उसकी सारी प्रक्रिया का पालन करते हुए लाखों की संख्या में छात्र-छात्राओं ने फॉर्म भरे। जेईई के बच्चे दिन-रात एक करके पढ़ाई कर रहे थे। एक वक्त ऐसा था कि कोटा की सड़कों पर बच्चों की रेलमपेल लगी रहती थी, लेकिन जैसे ही एग्ज़ाम नज़दीक आए, कोटा की सड़कें सूनी-सूनी दिखाई देने लगी थीं। कोटा की सड़कों का नूर दिन भर कोचिंग क्लास में आने-जाने वाले बच्चों से दमक उठता था। सड़कों पर रौनक आ जाती थी। लेकिन अब स्थिति इससे उलट थी। बच्चे दो-दो दिन तक कमरों से बाहर नहीं निकलते थे। बच्चों का सारा फोकस अपनी पढ़ाई के ऊपर था। उनकी दो साल की मेहनत अब रंग लाने वाली थी, क्योंकि कुछ दिनों में जेईई मेन का एग्ज़ाम आने वाला था।

जेईई मेन का फॉर्म भरने के कुछ दिन बाद, बच्चों का एडमिट कार्ड

भी आ गया। हर कोई एग्ज़ाम सेंटर कहाँ पड़ा है, पेपर कौन सी तारीख को है, यह सब देखकर आगे की तैयारी में लग गया था। जिन बच्चों का सेंटर कोटा से बाहर आया था, वे बच्चे पहले से ही उस शहर और राज्य चले गए। जिनका कोटा में आया, वही बच्चे कोटा में रुके थे।

वक्त की रफ्तार आगे बढ़ रही थी और वह समय भी निकट आ चुका था, जिस समय के लिए बच्चों ने दो साल से खुद को दिन-रात एक करके पढ़ाई में पूरी तरह से झोंक दिया था।

आज बच्चों का जेईई मेन का एग्ज़ाम था। किसी का सुबह नौ से लेकर बारह बजे तक पेपर था तो किसी का ढाई बजे से लेकर साढ़े पांच बजे तक था।

पूजा का एग्ज़ाम देने का टाइम ढाई से साढ़े पांच बजे तक का था। एग्ज़ाम शुरू होने से एक घंटा पहले सभी बच्चे आ चुके थे। सभी एग्ज़ाम की अच्छी से तैयारी करके आए थे। एग्ज़ाम सेंटर में बच्चों को कुछ जरूरी प्रक्रिया पूरी करनी थी, जिसे बच्चों ने पूरा किया, जैसे बच्चों का आधार कार्ड, पासपोर्ट साइज़ फोटो, एडमिट कार्ड, सिग्नेचर वगैरह पेश करना। कुछ चीज़ें साथ में ले जाना अलाउड था तो कुछ चीज़ें नहीं। मधु ने पूजा को पहले से ही ट्रांसपेरेंट वॉटर बॉटल, ट्रांसपेरेंट पेन दे दिया था। इसके अलावा जिन चीज़ों को एग्ज़ाम सेंटर में लेकर जाने की अनुमति थी, वे सारी चीज़ें साथ में दे दी थीं। एग्ज़ाम देते समय खुद को कैसे कंफर्टेबल रखना है, यह भी समझा दिया था।

बच्चे अंदर एग्ज़ाम सेंटर में जा रहे थे और सभी पैरेंट्स एक्ज़ाम सेंटर के बाहर खड़े थे। सभी के दिलों की धड़कनें बढ़ी हुई थीं। आखिर बच्चे दो साल से इसी क्षण के लिए कड़ी मेहनत जो कर रहे थे। यहाँ से बच्चों का भविष्य तय होने वाला था। एक-एक करके सभी बच्चे अंदर चले गए। सेंटर के बाहर खड़े पैरेंट्स ईश्वर से यही मन्नत मांग रहे थे कि, सभी बच्चों का एग्ज़ाम अच्छे से हो जाए। एग्ज़ाम सेंटर के अंदर बच्चों पर क्या बीत रही थी, यह तो वे ही जानते थे।

मधु, वहीं एग्ज़ाम सेंटर के बाहर कोने की एक जगह में बैठी रही। बार-बार एग्ज़ाम सेंटर की तरफ देखकर अपने अंतर्मन से सेंटर के अंदर क्या चल रहा होगा, यह सोच रही थी। "मेरी बेटी पेपर कैसे सॉल्व कर रही होगी,

इसकी एक तस्वीर बना ली थी... अंदर ऐसा हो रहा होगा, वैसा हो रहा होगा, बच्चे ऐसे लिख रहे होंगे, वैसे लिख रहे होंगे।" ये सब उसके मन के ख्याल थे। हकीकत तो कुछ और ही होगा, बच्चे अंदर किस स्थिति से गुज़र रहे थे, यह तो बच्चों को ही पता था।

उस घड़ी मधु की तरह ही कई पैरेंट्स के मन में भी ऐसा ही ख्याल आ रहा होगा। वहाँ मौजूद हर किसी को अपने बच्चे की फिक्र हो रही थी।

देखते-देखते एग्ज़ाम खत्म होने को आया। बाहर रुके पैरेंट्स अपनी घड़ी में बार-बार टाइम देख रहे थे। आखिरी कुछ सेकंड बाकी थे। सभी पैरेंट्स ने उल्टी गिनती करनी शुरू कर दी थी, एग्ज़ाम खत्म होने में दस सेकंड... नौ सेकंड... आठ सेकंड...। सब की दिल की धड़कनें बढ़ती जा रही थीं। आखिरकार वह पल भी आ गया था और बच्चों का एग्ज़ाम खत्म हुआ, सभी बच्चे एक-एक करके एग्ज़ाम सेंटर से बाहर निकलने लगे। बाहर निकलते ही बच्चों को पैरेंट्स ने घेर लिया और पूछताछ करने लगे कि, "बेटा एग्ज़ाम कैसा रहा?"

किसी को मैथ का पेपर बहुत लंबा लगा था तो किसी ने सारे क्वेश्चन सॉल्व कर लिए थे। किसी को केमिस्ट्री का कोई क्वेश्चन हार्ड लगा तो किसी को फिज़िक्स का पेपर अच्छा लगा। हर एक बच्चे का अपना अलग-अलग अनुभव था।

उस वक्त बच्चे प्रेशर से बाहर निकले थे। ऐसे में बाहर खड़े रहे लोगों को क्या जवाब दे पाते? इस वक्त बच्चों की मनोदशा अलग ही स्थिति से गुज़र रही थी। एक ओर जहाँ वे खुश थे कि उनके ऊपर जेईई मेन के एग्ज़ाम का दबाव खत्म हो गया था तो कई बच्चे थोड़ा दुखी भी थे कि वे जितना कर सकते थे, उतना कर नहीं पाए थे।

यह बच्चों का फर्स्ट अटेम्प्ट था। अभी सेकंड अटेम्प्ट बाकी था, जो अप्रैल में था। जिन बच्चों का फर्स्ट अटेम्प्ट में ही अच्छा हुआ था, उन बच्चों ने सेकंड अटेम्प्ट का ज़्यादा प्रेशर नहीं लिया। सीधा अपना फोकस एडवांस की तैयारी में लगा दिया था।

पूजा का जेईई मेंस का पेपर अच्छा गया था। दोनों माँ-बेटी एग्ज़ाम सेंटर से घर वापस आईं। घर आने के बाद पूजा ने मोबाइल ओपन किया। सोशल मीडिया पर आज के एग्ज़ाम की अपडेट चल रही थी। कई चैनलों पर एग्ज़ाम

सेंटर से बाहर निकलते हुए बच्चों का अनुभव पूछा जा रहा था। यह सप्ताह जेईई मेन के एग्ज़ाम में ही चला गया।

कुछ दिनों में रिज़ल्ट आने वाला था। इसी एक- दो महीने के अंदर बच्चों का बारहवीं का भी एग्ज़ाम था। बच्चे डबल तैयारी कर रहे थे, एक ओर बारहवीं की तो दूसरी ओर जेईई की।

पूजा ने बारहवीं का फॉर्म महाराष्ट्र स्टेट बोर्ड से भरा था। फरवरी में एग्ज़ाम शुरू होने वाला था तो कोटा में जेईई मेन का एग्ज़ाम देने के बाद, दोनों माँ-बेटी बोर्ड का एग्ज़ाम देने कुछ दिनों के लिए महाराष्ट्र चली गईं। वहाँ आने के कुछ ही दिनों बाद ही जेईई मेन का रिजल्ट घोषित हुआ।

पूज़ा, मधु के पास आई, "मम्मी रिज़ल्ट आ चुका है।"

उसी वक्त मधु हाथ के सारे काम छोड़ पूजा के पास आकर बैठी और दोनों मोबाइल में रिजल्ट चेक करने लगीं।

पूजा को 92 प्रतिशत अंक मिले थे जिससे वह नाखुश थी, क्योंकि उसके मुताबिक ये अंक बहुत कम थे। पूजा को लगा था कि 97 प्रतिशत तक नंबर आ जाएंगे, पर ऐसा हुआ नहीं। पूजा दुखी होकर रोने लगी थी।

"अरे इतना टेंशन मत लो बेटा, अभी एक चांस है न, तब अच्छे से कर लेंगे। अब ज़्यादा टेंशन लेकर कुछ फायदा नहीं, इससे अच्छा है कि तू आगे की तैयारी में लग जा।" मधु ने उसे प्यार से समझाया। राज ने भी समझाया, वह कुछ दिनों के लिए घर आया हुआ था।

फिर कुछ दिनों में जेईई मेन का सेकंड अटेम्प्ट का फॉर्म निकला। पूजा ने खुद ही अपने भाई के लैपटॉप से वह फॉर्म भरा। पूजा के बोर्ड के पेपर भी अच्छे जा रहे थे। पूजा ने कोटा में रहकर बारहवीं की तैयारी अच्छी तरह से कर ली थी। माहेश्वरी प्लस करियर इंस्टीट्यूट बच्चों से बारहवीं की भी तैयारी करवा रहा था। उन्होंने अपनी तरफ से बच्चों को बारहवीं की किताबें भी दी थीं जिनकी मदद से बच्चों को बारहवीं का एग्ज़ाम देने में आसानी हो रही थी। पूजा सिर्फ माहेश्वरी प्लस करियर इंस्टीट्यूट से मिली हुई किताबें ही पढ़ रही थी। उसके पास और दूसरा कोई मैटेरियल नहीं था।

एक महीना घर पर रुकने के बाद दोनों माँ-बेटी फिर से कोटा चली आईं क्योंकि आगे की तैयारी करनी थी। जेईई मेन का सेकंड अटेम्प्ट का पेपर नज़दीक आ चुका था। लेकिन इस वक्त बच्चे थोड़ा बेहतर महसूस कर

रहे थे क्योंकि बारहवीं का प्रेशर कम हो चुका था। सेकंड अटेम्प्ट में बच्चों ने बहुत अच्छे से पेपर सॉल्व किए थे। सेकंड अटेम्प्ट में काफी बच्चों का अच्छा रिज़ल्ट आया। इस बार पूजा को 98 प्रतिशत अंक मिले थे। पूजा ने काफी मुश्किलें पार करके यह मुकाम हासिल किया था। दोनों माँ-बेटी के लिए यह गर्व की बात थी।

अब जेईई मेन के अंकों के अनुसार ही बच्चों को आईआईटी छोड़कर एनआईटी, व्हीआईटी जैसे कई कॉलेज मिलने वाले थे। माहेश्वरी प्लस करियर इंस्टीट्यूट की टीम बच्चों को पूरा सपोर्ट कर रही थी। बच्चों के रिज़ल्ट आने से लेकर बच्चों के कौन से रैंक पर, कितनी पर्सन्टेज पर कौन सा कॉलेज मिलेगा, इन सब मामलों में बच्चों का गाइडेंस कर रही थी। अपने गांव, शहर और राज्य से दूर अकेले ही पीजी रूम में रहने वाले बच्चे हों या हॉस्टल में रहने वाले बच्चे, माहेश्वरी प्लस करियर इंस्टीट्यूट की टीम माँ-बाप की तरह बच्चों को हर कदम पर सपोर्ट कर रही थी। कौन सी काउंसलिंग लेनी है, आगे क्या करना है, वह इन सब के बारे में बच्चों का मार्गदर्शन कर रही थी।

देखते ही देखते एडवांस का फॉर्म भरने की तारीख भी आ चुकी थी। जो बच्चे जेईई मेन को क्रैक करके एडवांस का एग्ज़ाम देने के योग्य हुए थे, उन बच्चों ने फॉर्म भरना शुरू कर दिया था। दोनों माँ-बेटी भी ज़ेरॉक्स सेंटर आए, जहाँ कंप्यूटर से फॉर्म भर के दिए जा रहे थे। मधु और पूजा ने वहाँ जाकर एडवांस का फॉर्म भर दिया।

बच्चों की दो साल की कड़ी मेहनत अब रंग लाने वाली थी। कुछ ही दिन बाकी रह गए थे। बच्चों को थोड़ा धैर्य और थोड़ी लगन के साथ रिवाइज़ करना था। इस कसरत की सीढ़ियां चढ़कर बच्चे वह आसमान छूने वाले थे , जहाँ एक उज्ज्वल भविष्य उनका इंतजार कर रहा था। छब्बीस मई को जेईई एडवांस का एग्ज़ाम था जो सुबह नौ बजे से लेकर बारह बजे तक और ढाई बजे से लेकर साढ़े पांच बजे तक चलने वाला था। जेईई एडवांस का एग्ज़ाम पूरे भारत में एक निश्चित समय पर होने वाला था।

फॉर्म भरने के कुछ दिन बाद, एडमिट कार्ड भी आ गया। बच्चों ने फॉर्म में जो आठ सेंटर भरे थे, उनमें से कोई एक सेंटर आने वाला था। उस हिसाब से बच्चे तैयारी में लग चुके थे, बस इंतजार था छब्बीस मई का।

दोनों माँ-बेटी पर ईश्वर की कृपा पहले से ही थी। हनुमान जी की कृपा और आशीर्वाद से पूजा का एग्ज़ाम सेंटर बिल्कुल घर के नज़दीक ही कुछ मीटर दूरी पर ही पड़ा था जहाँ वह पैदल चलकर पांच मिनट में ही पहुंच सकती थी। संघर्ष की घड़ी अब खत्म होने वाली थी। ईश्वर की कृपा से सब अच्छा चल रहा था। दोनों माँ-बेटी जिस स्थिति से गुजर कर यहाँ तक पहुंची थीं, उनके लिए यह बहुत बड़ी बात थी।

देखते ही देखते, दो साल का इंतजार भी खत्म हो गया था।

छब्बीस मई के दिन सुबह चार बजे का वक्त..

मधु की आंख खुली तो, सामने चेयर पर बैठी पूजा कुछ फॉर्मूले याद कर रही थी।

मधु तुरंत उठकर पूजा के पास आई-

“यह क्या बेटा, आज आपका एग्ज़ाम है और आप सुबह चार बजे ही उठ गई! सो जाओ थोड़ी देर, एग्ज़ाम के लिए जाने से पहले दिमाग शांत रखना चाहिए।”

“मम्मी, नींद नहीं आ रही।”

पूजा को दो साल का समय कुछ नहीं लगा, मगर आज नर्वस फील कर रही थी। वह दो साल कड़ी मेहनत करके यहाँ पहुंची थी। आज उसे अपनी योग्यता से अपनी तकदीर खुद लिखनी थी।

पूजा की बातों से मधु समझ रही थी कि, बड़ी लगन से मेहनत करने के बावजूद भी, बच्चे आज अंदर से कहीं ना कहीं जेईई एडवांस के एग्ज़ाम को लेकर प्रेशर महसूस कर रहे हैं। आखिर दो साल की कड़ी मेहनत को अंजाम देने का वक्त आ गया था।

“बेटा नींद नहीं आ रही तो थोड़ी देर मेडिटेशन कर लो, एग्ज़ाम देते वक्त प्रेशर नहीं आएगा और फोकस कर पाओगे।”

“मम्मी आज जेईई एडवांस का एग्ज़ाम है और आपको मेडिटेशन सूझ रहा है। मुझे थोड़ा पढ़ना है, मम्मी प्लीज़ !”

“बेटा मेरे कहने पर सिर्फ दस मिनट ही मेडिटेशन कर लो, फिर बाद में आपका मन जो कहे, वह करो।”

“ठीक है मम्मी।”

पूजा न चाहते हुए भी मम्मी की बात को टाल नहीं सकती थी।

उसने अपनी मम्मी की गोद में सिर रखा और बोली-

"आपकी गोद में मेडिटेशन से ज़्यादा सुकून मिलता है मम्मी, आज आप मेरे साथ यहाँ न होते तो क्या होता?"

"बेटा, आज जितना आए, उतना ही परफेक्ट करना, जिसमें कन्फ्यूज़न लगे, उसे सॉल्व करने में अपना टाइम और दिमाग वेस्ट मत करना।"

"ठीक है मम्मी, डोन्ट वरी!"

इसके बाद, पूजा ने दस मिनट मेडिटेशन किया। मेडिटेशन से पूजा ने बहुत रिलैक्स फील किया।

सुबह के छह बजे....

पूजा ने हनुमानजी जी और गणेश जी को धूप-दीप जलाया। भगवान के सामने हाथ जोड़कर मन में कुछ मन्नत मांगी। मधु ने भी आज सुबह जल्दी हनुमान चालीसा पढ़ लिया था। दोनों एक घंटे बाद, आठ बजे एग्ज़ाम सेंटर पहुंचीं, जहाँ नौ बजे से जेईई एडवांस का एग्ज़ाम शुरू होने वाला था। मधु ने पूजा के कंधे पर हाथ रखा।

"ऑल द बेस्ट बेटा , यू कैन डू इट!"

"थैंक यू, मॉम। आप एग्ज़ाम खत्म होने तक यहीं बाहर रुकना क्योंकि आप मेरे लिए लकी हो मॉम।"

पूजा ने अपनी मम्मी के पांव छूकर आशीर्वाद लिया और एक प्यारी सी स्माइल के साथ एग्ज़ाम के सभी रूल्स फॉलो करते हुए एग्ज़ाम हॉल में गई। बाहर सभी पैरेंट्स रुके थे। मधु का रूम बस पांच मिनट की दूरी पर ही था, लेकिन एग्ज़ाम खत्म होने तक मधु वहीं रुकी और मन ही मन ईश्वर से प्रार्थना कर रही थी कि, बेटी आज अच्छा कर जाए। यही हालत बाकी पैरेंट्स की भी थी। ऊपर से जानलेवा कड़ी धूप थी, वहाँ चालीस से सैंतालिस डिग्री सेल्सियस तक तापमान चला जा रहा था। नेशनल डिज़ास्टर मैनेजमेंट की ओर से हीट वेव पड़ने का अलर्ट जारी कर दिया गया था। ऐसी स्थिति में पैरेंट्स की नजरें सिर्फ़ बच्चों के एग्ज़ाम सेंटर पर थीं।

एग्ज़ाम खत्म हुआ, बच्चे बाहर आए, मधु भी पूजा को लेकर घर वापस आई।

"बेटा एनी प्रॉब्लम?" इसके आगे मधु ने पूजा से और कुछ नहीं कहा।

"नो मॉम, आई एम कंफर्टेबल.. थैंक यू मम्मी, आपका मेडिटेशन काम आया।"

दोनों ने एक-दूसरे की तरफ मुस्करा कर देखा और खाना खाया, फिर एक बजे सेकंड पेपर के लिए एग्ज़ाम सेंटर पहुंचे।

"बिटिया, यू कैन डू इट! पेशेंस और माइंड सेट रखना। बाकी आपको बताने की ज़रूरत नहीं, आप खुद एक स्ट्रांग गर्ल हो।"

पूजा ने बिल्कुल पॉजिटिविटी के साथ एग्ज़ाम दिया। जितने प्रश्नों में उसे पूरा भरोसा था, उन्हें सॉल्व किये। एग्ज़ाम खत्म होने के बाद, उस दिन शाम को मधु अपनी बेटी पूजा का दिमाग ताजा करने के लिए उसे ऑक्सीजन पार्क लेकर आई। वहाँ दोनों माँ-बेटी ने खूब एन्जॉय किया।

अब समय आ गया था, शिक्षा की काशी से वापस अपने घर लौटने का। जेईई एडवांस खत्म होने के बाद अपनी किस्मत आज़माने आए हुए सभी परिंदे अपने-अपने घोंसलों की ओर लौट रहे थे। शिक्षा की काशी कोटा में बच्चे अपनी मेहनत से बनाए गए अपने उज्ज्वल भविष्य की उम्मीद लेकर घर वापस जा रहे थे।

मधु भी पूजा को जेईई एडवांस का एग्ज़ाम दिलाने के दो-तीन दिन बाद बेटी को लेकर महाराष्ट्र वापस चली गई।

कुछ दिनों बाद रिज़ल्ट घोषित हुआ।अनफौर्च्यूनैटली पूजा ने जितना सोचा था उतना अच्छा रिजल्ट नहीं आ पाया। लेकिन पूजा यहां रुकी नहीं उसने जेईई मेन के अच्छे पर्सेंटाइल पर एन आई टी में एडमीशन लेना उचित समझा।उसे भारत के टॉप एन आई टी में ईसीई की अच्छी ब्रान्च मिली। यह उसके लिए बहुत बड़ी बात थी।

यह एक अविस्मरणीय क्षण था, जिसके लिए उसने कड़ी मेहनत की थी।

हौसला बुलंद हो तो परिंदे आसमान में उड़ान भरना भी सीख जाते हैं और एक नहीं बल्कि हजार रास्ते खुल जाते हैं, बस लगन, मेहनत धैर्य और अपना मनोबल कभी कमजोर नहीं पड़ने देना चाहिए।

अगर मन में कुछ हासिल करने का पक्का इरादा बना लिया तो कोई भी तूफान उसे नहीं रोक सकता। इस बात को दोनों माँ-बेटी ने साबित करके दिखा दिया था। जीवन में असंभव कुछ भी नहीं है, अगर हमारी मेहनत में दम है!

"संघर्ष के आगे जीत है, दोस्तो..!"

राहुल ने उपन्यास पढ़ा और उसी वक्त ठान लिया, "एक मां और बेटी इतना संघर्ष करके जीत हासिल कर सकती हैं, तो मैं क्यों नहीं..! आज से मेरा एक ही मकसद रह गया है कि मैं कठिन से कठिन हालात से लड़कर पढ़ाई में अपना हंड्रेड पर्सेंट दूंगा और यहाँ से जीत हासिल करके ही वापस जाऊंगा!"

समाप्त